全線開通版　線路のない時刻表

宮脇俊三

講談社学術文庫

目次

『全線開通版　線路のない時刻表』関連地図

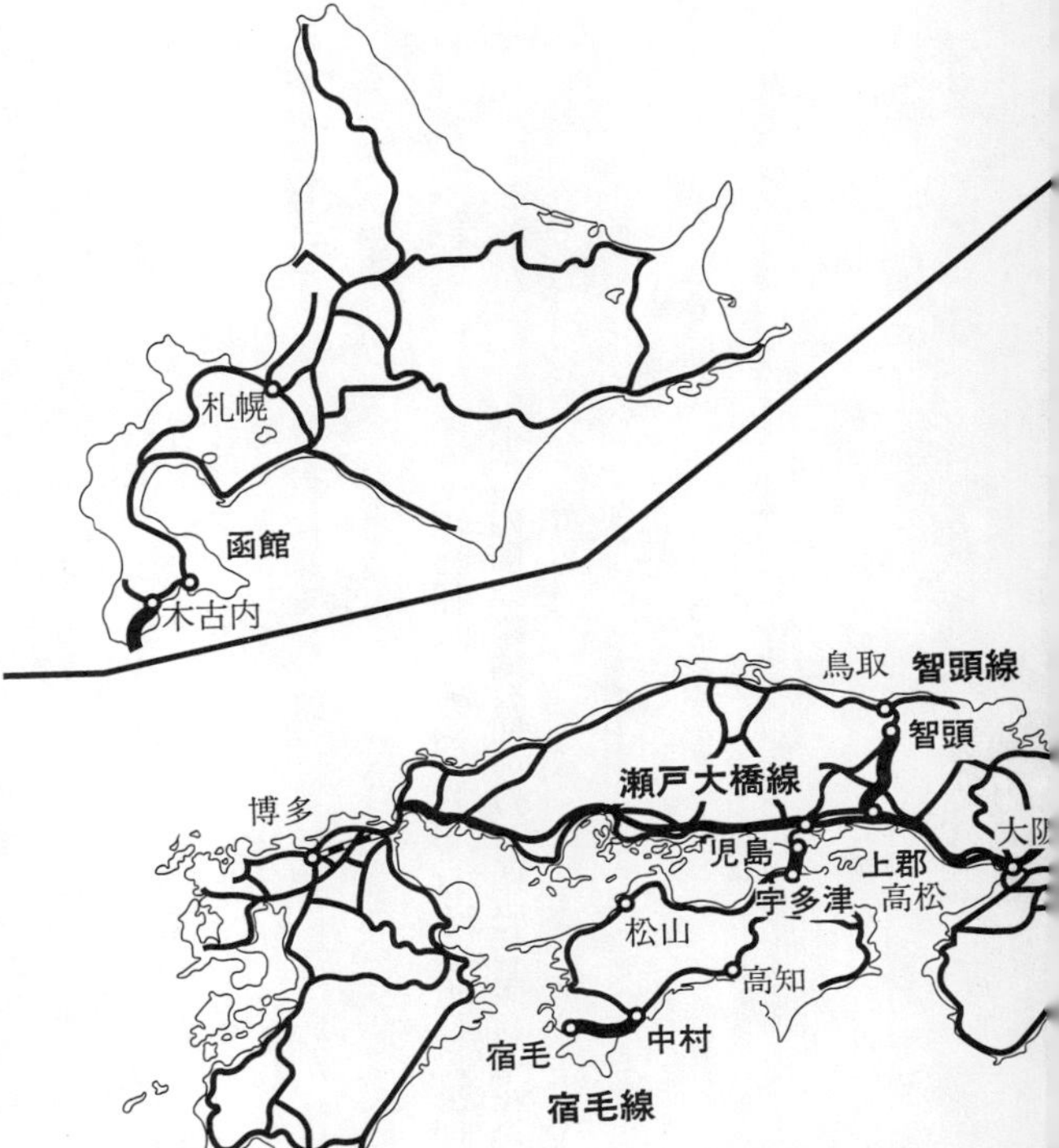

札幌
函館
木古内
鳥取
智頭線
智頭
瀬戸大橋線
博多
大阪
児島
上郡
宇多津
高松
松山
高知
宿毛
中村
宿毛線

本文中に挿入した図版は、日本鉄道建設公団および
本州四国連絡橋公団の資料図版に基づいて作成した。

全線開通版　線路のない時刻表

陰陽連絡新線の夢と現実——智頭《ちず》線

人が物をつくるのは、使うためだろうと思う。建設中の家があれば、やがて完成し、人が住む。公共関係の建設事業になると、予定が大幅に遅れる場合が多く、受益者をイライラさせるが、けっきょくは竣工《しゅんこう》し、使用開始となる。よほどの反対運動でもないかぎり、おおむねそうである。言うまでもないことだ。

ところが、このわかりきったことをわからなくさせる建設事業がある。

昭和五五年現在、日本鉄道建設公団の手によって全国各地で新線建設の工事がおこなわれている。新幹線、青函《せいかん》トンネルからローカル新線まで、さまざまだが、ここで問題なのはローカル線の建設である。

鉄建公団では工事線をAからGまでに分類している。Aが地方開発線、Bが地方幹線、Cが主要幹線、Dが大都市交通線、Eが海峡連絡線（青函トンネル）、Fはなくて、Gが新幹線である。いわば弱い者順で、このうちローカル線にあたる二つの工事線を一括して「AB線」と呼んでいる。

ＡＢ線は、北は北海道の興浜線《こうひん》（五一キロ）から南は九州の高千穂線《たかちほ》（二三キロ）まで計四〇線区あり、総延長は一六〇六キロに及んでいる。このうち、未着工線が一四線区あるが、他の二六線区については何らかの形で工事が進められ、すでに工程の九〇パーセントを超えたものが一二線区ある。着工済みの線路用地の総延長は八九二キロで、ほぼ東京―広島間に相当する。

建設中のＡＢ線に投じられた工事費は、昭和五四年度までで約二五〇〇億円に上っている。これらは政府と国鉄の出資、地方自治体に負担させる鉄道建設債券でまかなわれたが、いずれにせよ国民の負担であることに変りはない。

これだけの工事がおこなわれてきたのである。住民を立ち退《の》かせ、トンネルを掘り、鉄橋を架けた。町を挙げての着工祝賀会が催され、駅前広場をつくり、人びとは開通の日を待った。

ところが、昭和五五年度に入ると状況が一変した。国鉄再建法案の国会提出を機に、ＡＢ線建設を進めるべきか否《いな》かの検討がおこなわれることになり、工事にストップがかけられたのである。

赤字ローカル線の存廃が問題になっているときに、赤字必至のＡＢ線建設などとんでもない、これ以上国の財政に負担をかけるわけにはいかない、という話は通りがよい。鉄道ファンの私でも肯《うなず》かざるをえない。

けれども、ＡＢ線建設は、もともと赤字覚悟で着手したのではなかったか、という疑問は残る。日本鉄道建設公団法が国会で成立したのは昭和三九年二月であるが、その第一条でつぎのように謳《うた》っている。

「鉄道新線の建設を推進することにより、鉄道交通網の整備を図り、もって経済基盤の強化と地域格差の是正に寄与することを目的とする」

赤字覚悟でとは書いてないが、金など問題ではないといった意気のうかがえる条文である。そもそも鉄建公団を発足させたのは、財政難から新線建設に乗り気でなくなった国鉄の肩代りをするためであった。

昔のことを言ってもしようがないかもしれない。あれから一六年、国鉄をめぐる情勢は予想以上に悪化した。あのときはああ思ったが今はそれどころじゃない、と言われれば、それ以上追及できる資格のある人は少ないだろう。じっさい、昭和三九年といえば東京オリンピックと新幹線開通の年であり、そのあとも「走れコータロー」（四五年）、「列島改造論」（四七年）と突き進んでいたのである。

だが、ＡＢ線の工事が停止されたままに終るとすれば、なんとも無駄《むだ》なことをしたものだと思う。一キロ当りの工費が六億ないし八億もする高架橋が延々と連なり、その先にはもっと金のかかるトンネルが口を開けているのである。

運輸大臣の諮問《しもん》を受けた有識者たちが、いろいろ計算をし、輸送密度が一日四〇〇〇人キロ以上と予測される線区については開通させてもよい、といった答申をする。しかし、この基準では鹿島《かしま》線（茨城県）と内山線（愛媛県）の二線区だけしか救済されないから、他の三八線区の地元の人たちは承知しない。四〇〇〇人キロをわずかに下回った線区の人たちは、計算の方法がおかしいと迫るし、大幅に下回った線区の人たちは、数字の問題ではないと陳情する。代議士たちは前にも進めず後にも引けない。再建法案は国会を通ったが政令の段階では「検討中」がつづくにちがいない。いずれにせよ、工事は再開されないだろう。

苦しいから、いろいろ考える。「第三セクター」つまり地元の公共機関や民間の会社が線路を引き取り、国鉄の手を借りずに自分たちで自主運営するなら開通させてやってもよい、と運輸省は言う。約束がちがう、といった感は免《まぬが》れないが、なかなか老獪《ろうかい》な案である。鬼怒《きぬ》川《がわ》と会津《あいづ》を結ぶ野岩《やがん》線は東武鉄道の後ろ楯《うしろだて》もあって、やりますと名乗り出た。岩手県の三陸縦貫線でも、それに応じる動きがあるらしい。けれども、その他の線区の人たちは頭をかかえている。もともとＡＢ線沿線の市町村は人口が少なく、金も力もないのだ。自力で鉄道を経営しろと言われても財政が許さない。

こうした情勢から察すると、着工済みのＡＢ線二六線区のうち、その大半は列車の走らないまま廃棄処分になる公算が大きい。

道路に転用すればよいではないか、と言う人もいる。しかし、ＡＢ線はすべて単線で路盤の幅が狭い。車を走らすとしても一車線である。一車線なりの使い方もあろうが、鉄道新線には長いトンネルが多い。鉄道用のトンネルには排気装置がなく、このままでは車を通すわけにはいかない。AB線といえども、それに沿って国道や県道はある。車が走れるように改造しても、さして効用はないだろう。

とにかく、巨費を投じて無用になりかねない長物をつくってしまった。日本人は二〇世紀も終りに近づいた時世に、八九〇キロもの万里の長城を築いたのである。そのうちのどれだけが生を享《う》けるのだろうか。「水子供養《くよう》」をすべき人は誰《だれ》なのだろうか。

私が大いに嘆いているのは、税金のムダ遣いとか、当事者たちの見通しのなさとか、そういったことに対してではない。一国民としていくらか怒ってはいるが、そのことでムキになるつもりはない。

ただ、なんとも扱いに困るのは、開通したら乗りに行こうと、その日を待ち望んでいる自分である。待ち遠しくてしようがないのだ。

限りある人生のなかで「待つ」とはいったい何だろうと思う。

「待ち遠しい」とは、日時の経過のより早からんことを望む心情である。とすると、人生の貴重な残り時間が早く過ぎ去ってくれればよい、と願っていることでもある。縁起でもないが理窟《りくつ》ではそうなる。

それにもかかわらず、人は待つ。子どもは正月を待ち、学生は夏休みを待つ。ここまでは若いからまだよい。会社に入ればボーナス支給日を待ち、上役の定年を待ち、自分に番が回ってきて庭木などいじりはじめると、その生育を待つ。苗木を植えれば大木に育つのを待ち望む。早く五〇年たってくれたら……。

私は鉄道ファンであるから、「待つ」経験は鉄道に関することが多かった。新線の開通をつぎつぎと待ち望んでいるうちに、年月は容赦なく過ぎ去り、齢《とし》をとった。

鉄道に乗るのが趣味とは運のわるいことだと私は思っている。計画から実現まで歳月がかかりすぎるからである。とくに最近は工事が遅れに遅れる。昭和五二年開通の予定だった東北、上越新幹線は五年遅れて昭和五七年になるらしい。五〇歳を過ぎてからの五年は大きい。

しかし、遅れても開通してくれる場合はまだよい。「ＡＢ線」に思いをはせると暗澹《あんたん》たる気持である。待っていても埒《らち》があきそうにない。

しかたがないので、沿線をたどってみることにした。風景は車窓から見るのと同じようなものであろうし、路盤に立てば、あるいは列車に乗っているような気分にひたることができるかもしれない。

「試乗」するとなれば、もちろん着工率の高いほうがよい。

私はまず智頭《ちず》線から始めることにした。

智頭線は山陽本線の上郡《かみごおり》（兵庫県）と因美《いんび》線の智頭（鳥取県）とを結ぼうとするAB線で、五七・〇キロある。着工したのは昭和四一年五月、完工予定は昭和五六年度、工事はすでに九五パーセントまで完成している。

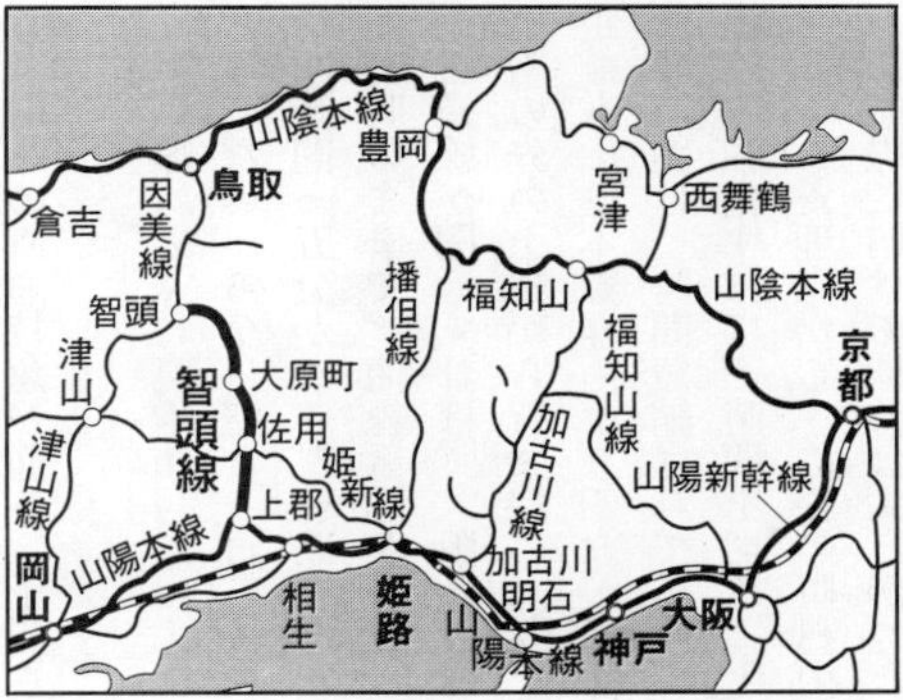

輸送密度の予測は三九〇〇人キロ、つまり一日の乗車人員×乗車キロ数を五七・〇キロで割った数値が三九〇〇になるであろうと推定されている。惜しくも四〇〇〇を割ったために工事をストップされたのであるが、三九〇〇人キロはAB線のなかでは内山線（六七〇〇）、鹿島線（四一〇〇）についで第三位である。四一〇〇の鹿島線は工事続行、三九〇〇の智頭線は工事停止、数字とは非情なものだ。

四〇〇〇人キロの基準を下回ったとはいえ、これだけの高い数値を示しているのは、智頭線がたんなるローカル線ではなく、山陽と山陰を直結する線だからである。この線が開通すれば、おそらく大阪から鳥取への直通特急が通ると予想される。

鳥取県、とくに鳥取市付近は大阪から近いわりに交通の不便なところだ。飛行機に乗るほど遠くないから全日空が一日二往復しか飛んでいない。しかし鉄道で行くとなると特急でも約四時間一五分かかる。経路にあたる福知山線や山陰本線の路盤は明治時代に私鉄が敷設《ふせつ》した当時のままで、曲線区間が多く、しかも単線なのである。

智頭線が開通すれば、大阪から線路状態のよい山陽本線を時速一〇〇キロ以上で快走し、姫路の先の上郡から智頭線に入り、さらに因美線を経由して鳥取に至るという経路になる。距離も山陰本線経由より四六・二キロ短い。このレールに特急を走らせれば大阪―鳥取間の所要時間は一時間短縮されて三時間一五分前後になるはずである。智頭―鳥取間の因美線の線路を強化すれば三時間を切ることも可能であろう。

こうした理由から、沿線の町村のみでなく、やや「陸の孤島」の趣きを呈してきた鳥取県の智頭線に賭《か》ける期待は大きかった。用地買収や鉄道建設債券の消化など積極的に協力し、智頭線は新線建設の優等生と賞賛された。

けれども鳥取県の人口は五八万、日本で人口のいちばん少ない県である。鳥取市の人口も一二万に過ぎず、県庁所在地の最下位となっている。算出された輸送密度は三九〇〇人キロ、惜しくも四〇〇〇に達せず、智頭線の工事は停止されたのである。

私は智頭線の路盤の上を歩いてみたいと思った。五七キロだから二日あれば十分であろう。しかし鉄建公団の用地であるから無断で歩くわけにはいかない。それに高架橋やトンネルが歩ける状態かどうかもわからない。

公団に希望を伝えると、色よい返事は返ってこなかった。それはそうであろう。変なマニアに用地をうろうろされたあげく、高架橋から墜落されたりしたら迷惑にちがいない。私としては妻子もいることだし、絶対に落っこちないつもりだが、許可する側の責任者の立場はちがう。これはやむをえないことである。

しかし、公団側は親切で、沿線の見回りに車を走らせているので、それに便乗させてあげましょうと言ってくれた。

一〇月二七日（昭和五五年）、東京発7時19分の新幹線で相生《あいおい》へ向った。相生は姫路のつぎの駅である。智頭線の起点は、ここから山陽本線で二つ目の上郡であるが、一一時三〇分に、新幹線の相生駅の改札口に来られよとの指示であった。

路盤の上は歩かせてもらえず、車で沿線を走ることになったが、私は智頭線の視察に行くわけではない。あくまでも「乗る」つもりである。乗るからには「時刻表」がなくては面白《おもしろ》くない。

それで、東京を出発するまえに私なりの智頭線時刻表をつくった。途中駅の位置、勾配《こうばい》についてはは鉄建公団の本社でもらったパンフレットに書いてあるので、それを方眼紙に転記し、列車のスジを引いていった。上り勾配では速度が下がるのでスジを寝かせ、下り勾配ではスジを立てた。

列車ダイヤを作成する場合、旅客の流通量をきっちり予測しておかなければならない。しかし、そんな資料は私の手もとにないので、沿線市町村の人口、既存の陰陽連絡線で智頭線と地理的に近い播但《ばんたん》線、姫新《きしん》線、津山線、因美線などのダイヤを参照した。

特急は五往復走らせることにした。一編成の列車が一日一往復半はできるはずだから三編成用意すればよい。ダイヤは下りで言うと、まず新大阪発7時52分の鳥取行。新大阪始発にしたのは京都寄りの向日町《むこうまち》に列車基地があり、一番列車はここから回送されてくるからである。特急にしては始発駅の時刻が半端《はんぱ》だが、大阪発を8時00分ちょうどにするためであった。鳥取着は11時17分にしておいた。

つぎは大阪発12時30分。これは鳥取止りにせず、倉吉《くらよし》まで延長した。倉吉は三朝《みささ》温泉の入口で、16時28分着となるから温泉客に便利であろうと考えた。

最後は大阪発17時30分で鳥取行。言うまでもなくビジネス客用である。

特急の愛称名は「いなば」に決めた。「白兎《はくと》」も面白いが、山陰本線の普通急行にすでに付されている。私は食いしんぼうだから「松葉ガニ」というのもチラと念頭をかすめたが、これはやめにした。「いなば」は大方の異存のないところであろう。自分でも気に入っている。ヘッド・マークの絵は、砂丘と白兎《しろうさぎ》にしたいと思う。

普通急行は走らせないことにした。普通急行の乗車率は近時とみに下がり、各線区で廃止されている。座席の構造や速度が中途半端で人気がないのである。智頭線に普通急行を走らす理由は見当らなかった。

困ったのは鈍行列車であった。智頭線は単線であるから上り下りの列車の行きちがい設備が必要である。昔のように各駅ごとに設備があれば楽なのだが、現在は無人駅を多くするためなどの理由によって行きちがい設備のある駅は二つか三つに一つぐらいの割になっている。ところが、どの駅にその設備が設けられるのか私にはわからない。特急の場合は、最優先でつっ走るし、特急同士の交換は一回あるかなし程度だから一応のスジは引ける。各駅の配線図が手に入ってから微調整すればすむ。けれども鈍行列車となると、これがわからなくてはスジが引けない。

上郡と智頭のほぼ中間に位置し、人口も五六〇〇ほどある大原町は駅員配置駅となるにちがいないから行きちがい可能であろう。姫新線との接続駅佐用《さよ》も大丈夫だ。しかし、これだけでは足りないので河野《こうの》原《はら》、下石井、影石《かげいし》、山郷《やまさと》でも行きちがいができる、と勝手に決めた。ほぼ一駅おきである。あとで正しい配線図を見せてもらうと、だいぶちがっていた。

もう一つ判《わか》らなくて困ったのは高校の所在地であった。ローカル線の鈍行列車の利用者の大半は通勤通学客、とくに高校生である。北海道あたりでは高校の休校日に運転休止となる列車があるくらいだ。通学定期券がバスより格段に安いからであるが、とにかく始業時刻までに運んでやらねばならない。五万分の一あるいは二万五〇〇〇分の一の地図を見れば高校の所在は記号でわかるのだが、武揚堂まで買いに行っている暇がなかった。それで、これも勝手に大原町と佐用、それから両端の上郡と智頭にあるものと決め、朝夕を主に鈍行列車を一日七往復走らすことにした。

新幹線の相生駅には鉄建公団大阪支社の乾《いぬい》宏《ひろし》さんが待っていてくれた。智頭線を担当し、建設所のある大原町に起居していた人である。しかし今年からは大阪に引揚げているとのことであった。青函トンネルの開通をまって鉄建公団は縮小され、他の公団に統合されることになっている。

鉄建公団のライトバンは水のきれいな千種川《ちぐさがわ》に沿って国道三七三号線を走った。智頭線の起点となる上郡までは一三キロほどである。

「上郡の町長は、智頭線が開通するまではオレは絶対に町長を辞めん、と言って頑張《がんば》っているのですよ」

と乾さんが言う。どんな人か会って話を聞きたいと思ったので町役場に寄った。町長は留守であった。

国道から分かれて千種川を渡り、上郡駅へ行った。智頭線の真新しい高架橋が山裾《やますそ》から姿を現わし、山陽本線の上り線をまたいでいる。これは嬉《うれ》しい設計である。というのは、大阪方面から直通列車を乗り入れるのでなければ本線をまたぐ必要はないからである。

「大阪から鳥取行の特急が乗り入れるのでしょうね」

と私は訊《たず》ねた。

「五往復を予定しています」

運転本数まで決めていたのかと私は驚いた。それにしても五往復とは豪華である。しかも鳥取止りは一本だけで、倉吉行が一本、あとの三本は米子《よなご》まで延長する予定だという。停車駅についてはまだはっきりしないようであったが、私のつくった時刻表とはだいぶちがうし、先を越された感じで、すこしガッカリである。

しかし考えてみれば、運転本数の予測がなければ交換設備や待避線など駅の設計ができない。鈍行列車は私の予想より一本多く、八往復とのことであった。

山陽本線の上り線をまたいだ智頭線は右にカーブして最初のトンネルに入る。長さ一四七六メートルの釜ヶ谷トンネルで、もうすっかり完成している。完成していると言ってもレールは敷かれていないのだが、下から見上げている私には、いまにもトンネルの入口から特急「いなば」が現われそうな気がする。

「トンネルのなかは歩けますか」

と訊ねてみた。懐中電灯は鞄《かばん》のなかに入れてきていた。

「スラブ軌道用の鉄材がニョキニョキ出ていて、とても歩けません」

と乾さんは言った。

私たちはトンネルの入口から引き返し、山を迂回《うかい》して、こんどは出口へ行った。

釜ヶ谷トンネルを抜けた智頭線は、ふたたび高架橋となって千種川の西岸を遡《さかのぼ》るのだが、そこにわずか一〇メートルばかり高架橋の跡切《とぎ》れた箇所があり、見ると小さなセメント工場が居据《いすわ》っている。操業停止中らしく、人影も音もない。

「倒産した工場なのですが、三重に担保に入っているので、まだ用地買収が終っていないのです」

と乾さんが説明してくれる。智頭線沿線の町村は用地買収に積極的に協力したと言われるが、やはりいろいろあるようで、乾さんはこんなことも言った。

「山陽と山陰にまたがってますでしょう。ですから住民の応対もちがいますね。南の上郡や佐用あたりですと、〝わし、きのう、そんな約束したか。ウーン、しかたがない、まあいいわ〟となるのですが、鳥取県側に入りますとね、〝そう言うたかもしれんけど、だけんどなあ〟というぐあいで、三分の二ぐらい後退することがありますね」

最初の駅苔縄《こけなわ》は高架橋の横にホームが張りついているだけで、行きちがいのできない駅であった。つぎの河野原は高架橋の幅が広がって二車線になっていた。

線路は千種川を斜めに横切って左岸に移り、国見トンネル（二四九九メートル）に入る。このあたりの千種川は両岸が迫って、右も左も松の濃い山肌《やまはだ》が急傾斜で落ち、何々峡と名づけてもいいような景勝地である。

車を停《と》めてもらい、トンネル入口に近い高架橋に上がってみる。幅は狭いし手摺《てすり》もないので、すこし怖いが、気分は出る。車窓から眺《なが》めたら格別だろうと思う。

国見トンネルを出ると河原が広くなり、やや複雑な配線の久崎《くざき》駅がある。上下線のほかに保守用線も設けられている。

久崎は千種川と佐用川《さようがわ》との合流点で、まとまった集落がある。特急は無理としても、もし普通急行を走らすなら停めてもいいような駅だ。

駅の東側に広い工場用地が造成されている。智頭線の開通を見越して工場誘致に乗り出したのだが、まだ一社も話がまとまっていないとのことであった。

智頭線は久崎で千種川の本流と別れて高倉山トンネル（二四九〇メートル）に入り、以後は支流の佐用川に沿って行くことになる。

トンネルの上には高倉山城址《じようし》があり、佐用川を挟《はさ》んで上月《こうづき》城址がある。高倉城は秀吉《ひでよし》が陣どり、毛利勢に包囲されて上月城にたてこもった尼子《あまこ》勝久《かつひさ》らを救おうとして逆に敗れたところであるが、この二つにかぎらず、沿線には城址がじつに多い。どこにいても一つか二つは城址の山が見える。戦国時代末期の激戦地域だったからであろう。

上月町の役場に寄ってみた。

「智頭線の問題では頭を抱えてますよ。町のためだということで立ち退《の》いてもろた家がたくさんあるし、みんなに迷惑かけとるです。いったいどうなっているんや言うてきかれても答えようがない。町長のやったことなら引責辞職ですむんやが」

と中川町長は言った。

高倉山トンネルを出た智頭線は佐用で姫新線と交差する。姫新線は姫路から津山を経て岡山県西北部の新見《にいみ》に至る線で、佐用まで開通したのは昭和一〇年であった。佐用は旧津山街道の宿場町で、北条時頼《ほうじょうときより》の「いづことも知らぬ道にぞやみぬべき晴れ間もみせぬ佐用の朝霧」で知られる。いまは晴れているが、いかにも朝霧の立ちこめそうな山間《やまあい》の小盆地である。ここには特急の一本か二本は停めたいと思う。

祖父のような古い姫新線の路盤と別れ、智頭線は佐用の狭い盆地を北へ向う。ふたたび谷が狭まり、平福《ひらふく》に停車した。停車したとは変な言い方だが、私はもう智頭線に乗っているような気分になっている。事実、公団の車は停車した。平福駅の予定地は建設基地になっていて、レールやPC枕木《まくらぎ》が積み上げてある。乾さんはそれを見て回った。

レールは赤く錆《さ》びている。

「こんなところに雨ざらしにしておいて大丈夫なのですか」

「大丈夫です。レールの錆びは一〇年で一ミリくらいですから」

けれども、乾さんの口調は淋《さび》しそうだった。

基地の手前に短いトンネルがあり、入口に低い柵《さく》がしてある。

「トンネルは立ち入り禁止なのですか」

高架橋や盛土の上には、もう幾度も上がらせてもらったが、トンネルはまだ歩いていない。

「農具の置場にされたりしますし、シイタケを栽培したり……」

と言って乾さんは苦笑した。

「いっそ、公団でシイタケをつくったらどうでしょう」

と私は心ないことを言った。

乾さんは、それには答えなかった。

背後に聳《そび》える山の頂上に石垣《いしがき》が見えている。利神《りかん》城址だという。佐用川の向う岸には壁土の剝落《はくらく》した土蔵が並び、静かな川面《かわも》がそれを映している。空が曇ってきた。

短いトンネル、盛土、高架橋が目まぐるしく現われ、智頭線は北へ北へと向う。佐用川が細まり、小川のようになると、片面ホーム一車線の下石井を過ぎ、兵庫県と岡山県の県境を貫く蜂谷《はちや》トンネル（二一一九メートル）に入った。

長いトンネルに入られてしまうと、私は錯覚から覚める。車は大きく迂回して峠を越えた。

蜂谷トンネルを出ると岡山県の北部で、左から吉井川《よしいがわ》の支流の吉野川が近づいてくる。そこに宮本という小集落がある。宮本武蔵《むさし》生誕の地とされるところで、神社の脇《わき》にそれらしき旧家があり、その向いに大きな剣道場が建てられていた。「宮本駅」新設の動きもあるという。

智頭線の中心、大原町に入る。駅の予定地は広く、行きちがい設備のほかに追い越し用の線もあり、三車線になっている。

大原町には鉄建公団の建設所がある。所内には誰《だれ》もいなかった。

壁には無数の木札が下がり、橋梁名《きょうりょうめい》や工事を請負った工務店名が墨で書かれている。これを「戒名《かいみょう》」と呼ぶそうであるが、いまや笑いごとではなくなった。建設費が出なくなった以上、公団としては何もやることがない。建設所のなかは葬儀の終った控室のように静まり、広い駐車場には私たちの車しかなかった。

智頭線と吉野川に沿って、さらに北へ向う。谷の両側が一面の杉林《すぎばやし》になった。つぎは西粟倉《にしあわくら》である。

西粟倉村の白畠貞美村長は、智頭線建設にとくに熱心な人で、駅の予定地に駅名標を建て、駅長に扮《ふん》してその前で写真を撮ったりしている。お会いしたいと思ったが、岡山へ出張中とのことであった。もっとも、村長の不在は幸いであったのかもしれない。「あの村長にお会いすると、いったいどうなっているのかと、叱《しか》られるみたいに言われるんですよ」と乾さんは言った。

その晩は村営の国民宿舎「あわくら荘」に泊った。

乾さんは酒が強かった。私も弱いほうではないから徳利《とっくり》が並んだ。飲めば憂《う》さが晴れるのか、乾さんは坑道貫通の日の感激などを楽しそうに話してくれた。齢《とし》を訊ねると、若く見えたのに私より五つも齢上で、還暦も近いとのことであった。
二人だけの宴《うたげ》が終ると、乾さんの姿が消えた。どうしたかと思っていると湯上り姿で戻《もど》ってきた。

智頭《ちず》線・下り）　　全線運休中 開通見込不明

D		631D	633D	59D		635D	列車番号
6				87			前の掲載ページ
阪 30				大阪 **1730**			始発
08		1626	1750	**1910**		1920	**かみごおり**
	いなば 7号	1632	1756	レ	いなば 9号	1926	こけなわ
		1636	1800	レ		1930	こうのはら
		1644	1806	レ		1936	くざき
		1651	1820	**1925**		1943	**さよ**
		1702	1835	レ		1950	ひらふく
		1710	1843	レ		1958	しもいしい
		1720	1853	**1941**		2009	**おおはらちょう**
		1730	1903	レ		2019	にしあわくら
		1738	1911	レ		2027	かげいし
		1746	1919	レ		2035	やまさと
	3両	1750	1923	レ	3両	2039	いなばやまがた
08		1757	1930	**2009**		2046	**ちず**
42	…	1902	…	**2046**	…	…	とっとり
子 20				米子 **2220**			終着
4				155			次の掲載ページ

宮脇俊三作
国鉄非監修

上郡——佐用——大原町——智頭

営業キロ	列車番号		621D	623D	625D	51D		53D		627D	629D	55D
	前の掲載ページ					83		84				85
	始　発					新大阪 752		新大阪 922				大阪 1230
0.0	弁 **上　郡**	発	610	730	909	**940**		**1108**		1125	1310	**1413**
5.0	苔　縄	〃	616	738	915	レ		レ		1131	1316	レ
7.5	河野原	〃	620	742	919	レ	いなば 1号	レ	いなば 3号	1135	1320	レ
12.6	久　崎	〃	626	748	931	レ		レ		1141	1327	レ
18.0	**佐　用**	〃	633	755	938	**956**		レ		1149	1335	レ
23.3	平　福	〃	639	801	944	レ		レ		1159	1345	レ
27.9	下石井	〃	647	809	952	レ		レ		1207	1353	レ
33.9	**大原町**	〃	657	819	1032	レ		レ		1217	1406	**1443**
38.2	西粟倉	〃	707	829	1042	レ		レ		1227	1415	レ
41.4	影　石	〃	715	837	1050	レ	自	レ	自	1235	1423	レ
48.1	山　郷	〃	723	845	1058	レ		レ		1243	1431	レ
50.9	因幡山形	〃	727	856	1102	レ	3両	レ	3両	1247	1435	レ
57.0	**智　頭**	着	734	903	1109	**1044**		**1206**		1254	1442	**1512**
88.9	鳥　取	着	835	950	1235	**1117**	…	**1240**	…	…	…	**1547**
	終　着							米子 1420				倉吉 1628
	次の掲載ページ		154	154	154	154		154				154

「ダメですよ。そのお齢で飲んでから風呂《ふろ》に入ったりしちゃ」

と私は思わず言った。

「いいんですよ。もうやることないんですから」

と乾さんは、ひとりごとのように答えた。


国民宿舎での一夜が明けると、対岸に真新しい高架橋が見えた。背後は朝もやに霞《かす》む深い杉山で、あたりは巒気《らんき》につつまれている。これで列車が走れば絵になるのだがと思う。

ふたたび公団の車で北へ向う。谷の景色が煮つまり、分水嶺《ぶんすいれい》が近づいた。

影石を過ぎると智頭線最長の志戸坂トンネル（五五九二メートル）がある。これを抜ければ鳥取県である。

鳥取県に入ると、谷はさらに深く、杉の植林はいっそう見事になった。その山肌を縫って高架橋とトンネルがつづいていた。まもなく終点の智頭である。

きのうの上郡いらい、智頭線の路盤はほとんど跡切れることがなかった。工事の進捗《しんちょく》は九五パーセントと聞いていたが、それ以上と思われた。智頭線建設に投入された工事費は、昭和五四年度までで二四八億円に上るという。

一二時すこし過ぎ、私たちの車は智頭町に入った。

町役場に企画課長の萩原薫さんを訪ねた。たまたま居合せた町議会議長の藤谷正太郎さん、県庁の交通対策課の高田理宏さんも同席してくれた。かたじけないことである。智頭線の話となると何をおいても、という気風ができ上っているのだろうか。

けれども、話ははずまなかった。憤懣《ふんまん》のやり場が手の届かないところへ上ってしまったから、嘆息をまじえながら堂々めぐりするだけであった。話が跡切れるたびに萩原さんは、「とにかく開通させてもらわんことにゃあ」を繰り返した。

私たちは、智頭発14時38分の津山回り大阪行急行「みささ4号」で帰途についた。智頭線が開通すれば大阪まで二時間三〇分で到達できるが、この列車は四時間一三分かかって大阪には18時51分に着く。

構内を出はずれると、智頭線の高架橋が左に分かれ、トンネルに入っていった。乾さんは、黙ってそれを眺めている。

東京に帰ってから、私は智頭線の時刻表をつくりなおした。

開業――一九九四年一二月三日

鳥取、岡山、兵庫の三県にまたがる路線のため、各県の足並みが揃わず、受益性の高い鳥取県をやきもきさせたが、工事中止から七年後の一九八六年五月、自治体と民間の共同出資方式（第三セクター）による「智頭鉄道（株）」の設立にこぎつけ、翌年には工事が再開された。

さらに、京阪神からの直通特急のスピード・アップのため、一九九一年には鉄道整備基金の適用を受けて最高時速一三〇キロに対応する高規格化工事が追加され、社名を「智頭急行」と改めた。高規格化にともない、行きちがい駅の「一線スルー化」（速度を下げずに通過できる）、トンネル内のスラブ軌道化、ロングレール化（一部の曲線を除く）などがおこなわれた。

この高規格化は嬉しい変更で、一四年前に私が作成した架空の時刻表とくらべると、上郡―智頭間で二〇分余も短縮されている。愛称は「いなば」ではなく、「スーパーはくと」。駅は下石井と大原町のあいだに、「宮本武蔵」が加わり、一つ増えた。工事中の仮称駅名のうち五駅が、河野原《こうの》↓河野原円心《はらえんしん》、下石井↓石井、大原町↓大原、影石↓あわくら温泉、因幡山形↓恋山形《こいやまがた》、というふうに変更・決定された。観光客誘致の願いが感じられる。

＊

開業から二週間後、私は智頭急行に乗りに出かけた。特急から各停へ乗継いでみたが、上郡で山陽本線をオーバークロスして智頭急行線に進入した時の感触は得もいわれぬものがあった。

智頭急行の車両記号には、「HOT」が付されている。兵庫・岡山・鳥取の頭文字で、「ホット」とよむ。三県の足並みが揃って温泉の豊富な鳥取県へと快速鉄道が通じたのだ。高架橋とトンネルの連続する新線を強力なエンジンを搭載した真新しい「スーパーはくと」は、鄙《ひな》びた山峡を快走する。非電化の単線ながら車窓は新幹線に似ている。特急車両の台車は「制御つき振子式」。従来の振子式とちがってカーブにかかる直前に傾くので、乗心地はよい。

車内の設備も申し分ない。身障者の席、自販機、電話室があり、各車両の前後部にはモニターテレビが備えられていて、運転席からの前方の眺めが映しだされる。一般の客の興味をそそるかどうかわからないが、鉄道好きには嬉しいサービスである。車掌は女性。これもよい。特急は五両編成（4号車の一部がグリーン車）、普通列車は原則として一両で運転される。

よいことばかりだが、難を言えば乗り入れ区間のJR因美《いんび》線の路線規格の悪さで、「スーパーはくと」の表定速度は、智頭急行区間で約九〇キロ、因美線では約六〇キロ、というほどの差がある。因美線の智頭―鳥取間の路線強化と一線スルー化をJR西日本に望みたい。

それはとにかく、智頭急行は好調に発足した。経営を左右する「スーパーはくと」は人気を集め、一日三往復という本数の少なさ（他に振子式台車なしのJR車両による「はくと」一往復あり）もあって、指定券が入手しにくいほどであった。

開業から一ヵ月半後、阪神大震災によって「スーパーはくと」は姫路で打切りという悲運に見舞われたが、復旧後は順調に利用者が増え、一九九八年一月現在、一日六往復が運転されている。

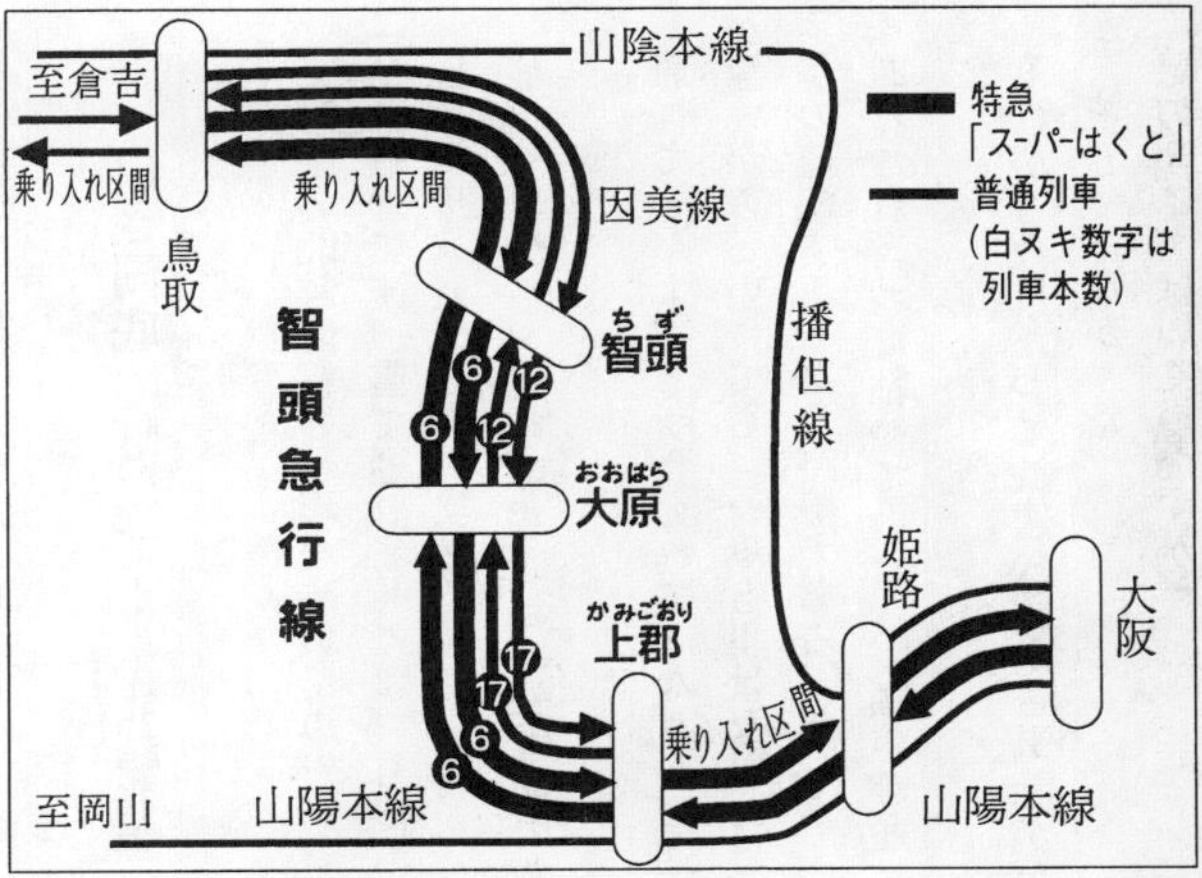
山陰本線
至倉吉
鳥取
乗り入れ区間
乗り入れ区間
因美線
特急「スーパーはくと」
普通列車
（白ヌキ数字は列車本数）
智頭《ちず》
智頭急行線
播但線
6
12
6
12
大原《おおはら》
姫路
大阪
上郡《かみごおり》
17
17
6
6
乗り入れ区間
至岡山
山陽本線
山陽本線

白き湖底の町にて——北越北線《ほくえつほく》

工事中の北越北線《ほくえつほく》の現場を歩いてみたい、と鉄道建設公団に申し入れると、

「冬は無理です。雪で通れませんよ。しかも今年は、ご存じのような大雪ですし」

という返事がかえってきた。

だが、しかし、人も車も通わぬ豪雪期であればこそ、北越北線の沿線を歩きたいのである。

通れませんよ、と断わられて、なおかつ通りたいと言い張るのは駄々《だだ》っ子《こ》のようだが、雪が深いからといっても、一歩も歩けないわけではないだろう。それに、北越北線は長いトンネルの連続するモグラ路線である。トンネルの中まで雪が積もるはずはない。

あれこれ言って粘っていたら、願いが通じた。なんとかしましょう、ということになった。

それから数日たって鉄建公団から電話がかかってきた。やっぱりダメか、と一瞬思ったが、そうではなかった。

「足のサイズはいくつですか」

長靴《ながぐつ》を用意してくれるらしいのである。身長も訊《たず》ねられたので、一六五センチ、ただし胴長で脚が短い、と答えた。どんな格好《かっこう》をさせられるのか、楽しみである。

「北越北線」は新潟県の西南部を横断する五九・四キロの工事線で、上越線の六日町を起点とし、十日町市、松代《まつだい》町を経て、直江津に近い犀潟《さいがた》で信越本線に合する予定になっている。

この線が開通したとすると、つぎのような二つの効用がある。

沿線は日本でも屈指の豪雪地帯で、冬期には国道さえ不通になり、陸の孤島と化す。北越北線が開通すれば、その心配がまずなくなる。鉄道は道路よりも雪に強いので、よほどのドカ雪が降るか、大雪崩《おおなだれ》でもないかぎり不通にはならない。

「雪に弱い新幹線」は常識となっているし、大雪が降るたびに国鉄の何々線が不通になって特急列車が立往生している、といった記事が新聞に載るので、鉄道は雪に弱い交通機関のように思っている人も多いだろうが、これは鉄道の不通がニュース価値を持つからであって、地方の国道が不通になっても、いちいち中央の新聞には報道されない。雪で道路は不通だが鉄道だけは走っているというケースは通常のことだが、その逆の場合は異例である。

最近の道路は、強力な除雪車の投入によって、国道が三ヵ月も四ヵ月も不通になることは稀《まれ》となり、雪に対する鉄道との強弱の差は縮まってきたが、依然として鉄道のほうが雪に強いことはたしかである。

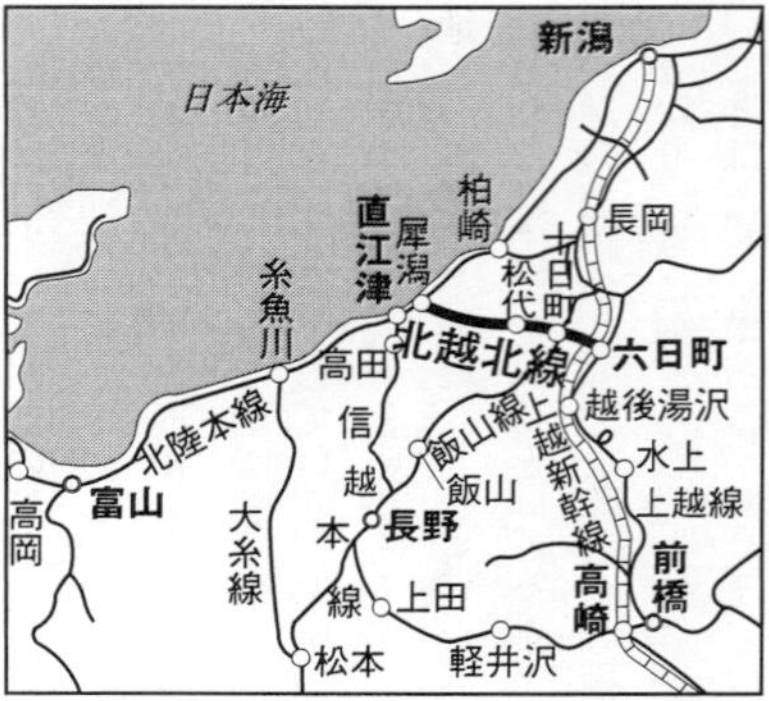

しかも、北越北線は全線の三分の二がトンネルだから、ますます雪に強い。昭和のはじめいらい半世紀にわたって沿線の人びとが鉄道誘致の運動を重ねてきたのは、たんなる「オラが町にも鉄道を」以上の切実なものがあったにちがいない。

北越北線開通によるもう一つの効用は、北陸、とくに富山県と東京との時間距離が大幅に短縮される点である。

鉄道クイズのようになるけれど、上越新幹線の開通していない現時点で東京から富山へ汽車で行く場合、最短時間のルートは？　と問われたら、何と答えるだろうか。

多くの人は信越本線経由と答えるだろう。すこし旅なれた人ならば、信越本線には碓氷峠《うすいとうげ》という急勾配《きゅうこうばい》のネックがあるために、若干遠回りでも上越線経由のほうが早く着けると知っているはずだが、しかし、いずれも最短時間のルートではない。

正解は、東海道新幹線経由である。米原《まいばら》まで新幹線で行き、北陸本線の特急に乗り継ぐの

が、いちばん早いのだ。距離と最短所要時間との関係を示すと、

信越本線経由　四一三キロ　六時間〇五分
上越線経由　四五五キロ　五時間五五分
新幹線経由　六八二キロ　五時間二六分

となっている。

富山と東京との間には、日本の屋根ともいうべき中部山岳地帯が立ちはだかり、定期航空路でさえ迂回《うかい》しているのだから、遠回りになるのはやむをえないとしても、東京─富山間が五時間半ないし六時間を要するとは、現在の日本の交通体系において時間がかかりすぎている。

北越北線が開通すれば、東京─富山間の最短ルートとなり、それだけでも四〇分ぐらいは短縮できる。しかも、やがて開通する上越新幹線との乗継ぎを活用すれば四時間ぐらいで到達できる。これならば富山の人たちも、まず異存はないだろう。

富山だけを引き合いに出してきたが、北越北線の恩恵がもっと広域に及ぶことは言うまでもない。

北越北線は、以上のような効用が評価され、昭和四三年八月、賑々《にぎにぎ》しく着工された。いらい昭和五四年度までの一二年間に投入された工事費は三三八億円、すでに二五キロに及ぶトンネルが掘り抜かれ、全線五九・四キロの五三パーセントにあたる三一・七キロが竣《しゆん》

工《こう》している。

ところが、昭和五五年度になると、工事費が凍結されてしまった。赤字ローカル線の廃止に踏み切ろうとしている時に、開通しても赤字必至の新線建設を続行したのでは理に反するからである。

現在、北越北線は五四年度分の予算の残金を使って、細々と工事がつづけられている。けれども、三月中にはそれを使い果たしてしまう。そうなれば工事は全面的に中止となる。


二月九日（昭和五六年）、月曜日、鉄道建設公団の高野誠さんと私とは、上野発8時53分の急行「よねやま」に乗った。高野さんは東京支社に勤務する北越北線の担当係長である。車内はスキー客で賑わっていた。

雪はどのくらい積もっていますか、と私は高野さんに訊ねた。

「十日町で四メートルだそうです。松代はもっと積もっているでしょう」

三メートルの積雪は経験したことがあるが、それ以上を私は知らない。四メートル以上の雪とはどんなだろうかと思う。

関東平野は、きょうも快晴である。あと三時間で、そんな豪雪地帯に入るとは信じられないような気持さえする。

「北越北線の建設現場へ転勤が決まりますとね、子どもは喜ぶのですよ、スキーや雪遊びができるって。奥さんも、雪国ってロマンチックね、なんて言うそうです。ところが、ひと冬過ごすと、もうゲッソリして、どこでもいいから雪のないところに転勤したいって言い出しますね」

高野さんが、そんな話をする。

快晴の関東平野が尽きると、厚い雪雲に被《おお》われた県境の山々が望まれ、ときどき日が翳《かげ》るようになった。利根川《とねがわ》の渓谷《けいこく》に沿って上り、沼田を過ぎると地面に雪が見えはじめた。水上《みなかみ》のあたりから雪が深くなり、新清水トンネルを抜けると、急行「よねやま」は雪国に突入した。山々も樹々《きぎ》も白無垢《しろむく》の打掛を頭からかぶったように白一色、それが雲間からさす日に輝いて眩《まぶ》しく荘厳《そうごん》である。若いスキー客のあいだから歓声が上がり、拍手さえ起った。越後湯沢《えちごゆざわ》でスキー客の大半が下車し、車内が静かになった。

左窓に工事中の上越新幹線用の駅が偉容を見せている。北越北線が開通すれば、新幹線に接続する越後湯沢始発の特急が富山、金沢へ向けて発車して行くはずなのだが、はたしてその日にめぐり会えるかどうか、わからない。

「北越北線には特急が走るのでしょうね」

と私は訊ねた。

「特急かどうかはわかりませんが、優等列車を四往復、各駅停車が六往復、そのほか貨物列車も走らせるということで設計したようです」

　やっぱりそうか、と嬉《うれ》しくなって、

「愛称名は何になりそうですか」

　と私は言った。

「さあ」

「北越北線の沿線には有名な山も観光地もないようですし、いっそのこと雪に因《ちな》んだものにしたらどうでしょう」

「そうですね」

「特急『豪雪』。特急『なだれ』、これはいけません。『雪どけ』なんてのも春の訪れが感じられてわるくないでしょう。でも、これではスキー客が乗らないかな。やっぱり『ゆきぐに』でしょうか、川端康成の『雪国』は湯沢が舞台ですし」

　と、にわかに私は多弁になった。

　高野さんは黙って苦笑している。いよいよマニアが本性をあらわしたとでも思っているのかもしれない。いずれにせよ、いまは愛称名どころではない。

　11時59分、北越北線の起点六日町に着いた。

　駅前には鉄建公団十日町建設所の今井邦彦所長が車で迎えに見えていた。工事費が凍結されて、お暇なのかもしれないが、所長みずからのお出迎えには恐縮した。

まず腹ごしらえをしてからということで、近くのソバ屋の小座敷に上がり、山芋をつなぎに使った弾力のあるソバをご馳走《ちそう》になってから、紺の作業服に長靴、それに白い軍手をはめ、ヘルメットをかぶる。制服制帽とは恐ろしいもので、ひとかどの建設技師になったような気分になる。そのほか、車のトランクには、カンジキ、除雪用のスコップなどが積んである。

「北越北線の沿線を走ってみたいとのご希望ですが、なにしろこのとおりの雪で、十日町から松代への国道二五三号線は、もう一ヵ月もまえから不通になっておりますし、ところどころしか見ていただけませんが」

と今井さんが言った。

まず赤倉トンネルの東口へ向う。

六日町で上越線から分岐した北越北線は、左へ大きくカーブして全長一万〇三三四メートルの長い赤倉トンネルに入り、一気に十日町へ抜けるのである。六日町からトンネルの入口までは四キロほどあり、路盤も完成している。けれども雪に被われているので、どこにあるのかわからない。第一、道の両側は除雪車が削りとった雪の壁で、白く深い塹壕《ざんごう》の中を行くかのようだ。何も見えない。

一〇分ほど雪の壁の下を走ると、除雪区間が終り、先へ進めなくなった。私たちは車を降

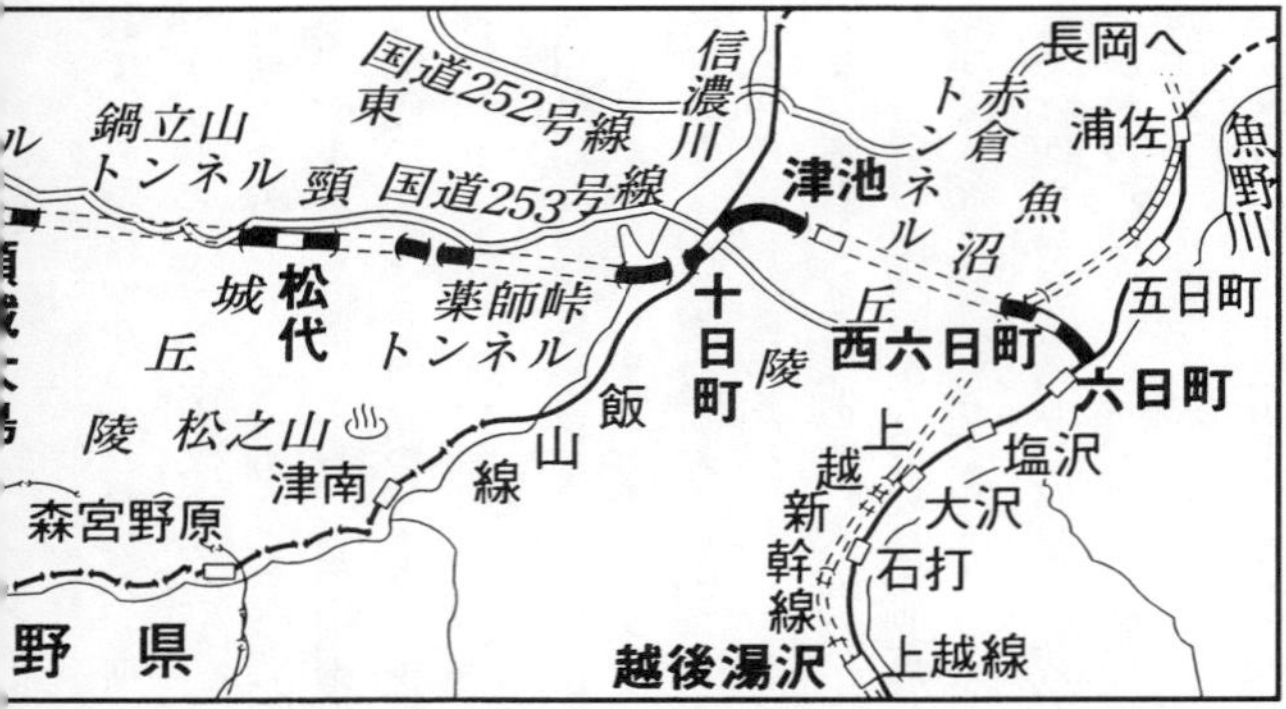

りて歩きはじめた。

雪の上を歩くにはコツがあるようで、長靴の底面を水平に雪に押しつけると、それほどは潜《もぐ》らない。ところが、ツマ先が上がり、カカトに力が入るとスポッと膝《ひざ》まで潜ってしまう。

やっとの思いで今井さんの後について行くと、雪が割れて、その底を細い水が流れている。トンネルから流れ出てきた水ですよ、と高野さんが教えてくれたので、覗《のぞ》こうとすると、

「危いです、雪庇《せっぴ》ですから」

と今井さんに注意される。流れの上に被いかぶさるように雪が張り出していて、下は空洞《くうどう》なのである。

赤倉トンネルの東口は、半分以上が雪に埋もれていた。雪面に立つと、私の背丈より五〇センチぐらい高い位置にトンネルの天井がある。北越北線のト

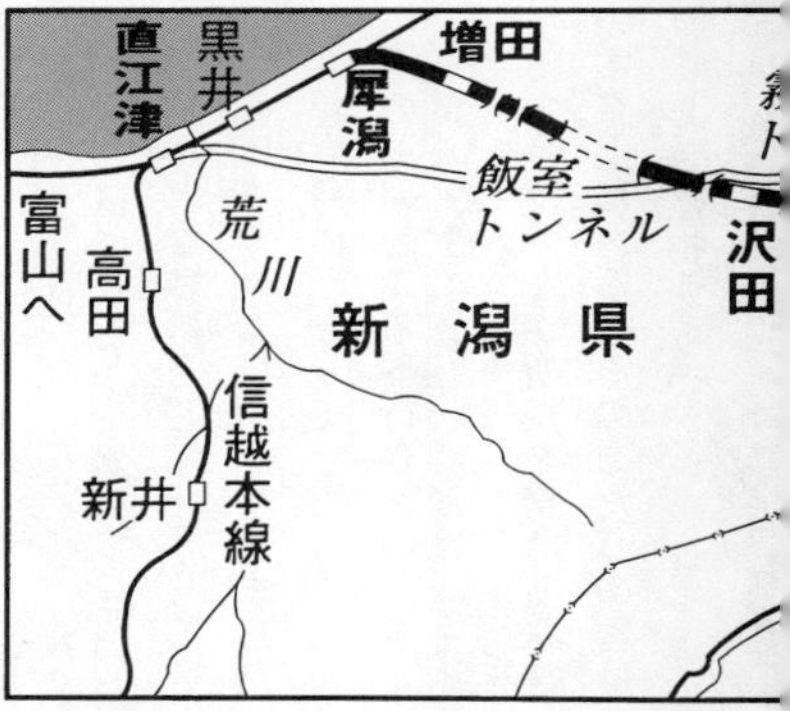

ンネル断面は電化に備え、パンタグラフや架線用のスペースをとってあるので、内径の高さは五一〇センチある。したがって、積雪は約三メートルという計算になる。

　赤倉トンネルは昭和五三年九月に完成している。現在、六日町—十日町間はバスで四〇分かかるが、このトンネルを列車が走るようになれば一五分で行けるだろう。

　廃線跡の古びたトンネルにくらべると、こちらは真新しいコンクリートを巻いた処女トンネルで、老残の無気味さはないが、風が吹くと、かすかにコオーッと音を立てていた。

　赤倉トンネル東口から引き返し、魚沼丘陵を越えて十日町に向う。八箇峠《はっかとうげ》のトンネルを抜けて信濃川《しなのがわ》本流の水系に入ると、雪はいっそう深くなった。

　縮織《ちぢみおり》で知られる十日町は、雪と街との見境いがつかぬほどであった。表通りは除雪されて町らしい形をしているが、路地は積もった雪と屋根から落とした雪とが重なって二階の軒近くまでせり上っている。路地の奥に住む人が外出するには、各戸ごとにつけられた雪の階段によって積み上げられた雪の上に登り、電線をまたぎながら雪の尾根づたいに、表通りへと下りてこなければならないのである。

屋根の雪を落とさなければ家がつぶれるし、落とせば道がふさがる。雪とは何たる厄介者《やっかいもの》だろう。雪ダルマをつくったり雪見酒をしたりする東京あたりの雪とは、全然別のものなのだ。

「雪は意外に重いんですよ。一立米《りゅうべい》の重さが軽いもので三〇〇キロ、水分をたっぷり含んだ雪だと六〇〇キロもあるんです。ですから、雪落としは大変な力仕事で、キツイですよ」

と今井さんは言う。

「一月九日でしたか、あのときのドカ雪といったら、もう無茶苦茶でしたなァ。屋根の雪を、やっとこさ落として、うしろを振り返ったら、もう三〇センチも積もっておるのです。あれにはまったくウンザリしました」

昨年六月に転勤してきた五三歳の今井所長は、よほど雪落としがこたえたようで、

「雪のないところへ行きたいですよ。だけど、そしたら今度は干上っちゃいますしなあ」

と言って笑った。

その今井さんが所長を務める鉄建公団十日町建設所は、町の北はずれ、赤倉トンネル西口のすぐ上にある。そのあたりの雪は一段と深く、車が停《と》まっても周囲は雪の壁ばかりで、それらしき建物がない。キョロキョロしていると、ここですよ、と今井さんが指さす。見る

と、雪の壁の間に建設所の玄関がのぞいていた。

北越北線の工事費が凍結されて、十日町の人たちはどんな気持でいるのだろうか。悲憤慷《ひふんこう》慨《がい》しているだろうと察しはしているが、できれば誰《だれ》か適当な人に会って意見を聞いてみたい。そういう希望を述べておいたら、市長と会う予定が組まれていた。そんなエライ人でなくてよいのにと思いながら、指定された午後三時に市役所をたずねた。

十日町市長の諸里正典さんは、脂《あぶら》の乗りきった実業家肌《はだ》の人で、齢《とし》も四十代の半ばに見えた。市長というよりは土建会社の社長のような感じで、こういうタイプの人から鉄道の必要性について、常套語《じょうとうご》だらけの雄弁をふるわれるのはかなわないなと辟易《へきえき》しかけたが、諸里さんの話の内容は案に相違していた。用語に個性があり、ときには文学的でさえあった。

「雪ではなく、雨という形で降ってくれるなら、こんなありがたいことはないです。自然に流れて行ってくれる。ところが、この地方に降ってくる水分は、ほとんどが雪です。降り落ちたまま、じっと居据《いすわ》って動かない。屋根の雪落としで市民は疲れる。道路の除雪で費用はかかる。まったく迷惑な存在です。ところが、この十日町にとっては迷惑千万な雪が他の地方に恵みをあたえているのですよ。冬のあいだ私たちが苦労して持ちこたえてきた雪が、春になると少しずつ融《と》けて信濃川に流れこむ。それが越後平野をうるおしているのです。雨だったら、いっぺんに流れ下って下流は洪水《こうずい》でしょう。雪は川を治め山を治める……。ところで、十日町に国鉄の発電所があるのをご存知ですかな」

十日町の近在の千手《せんじゅ》というところに国鉄直営の発電所があって、東京の山手《やまのて》線と京浜東北線の電車を走らせている。それは知っていた。雪融けの水を使って電気を起しているのだから、いわば「雪力発電所」である。

「この地方は、雪のダム湖です。自分たちにとっては何の役にも立たないドカ雪に埋もれて、雪の降らない東京に奉仕しているのです」

そして、諸里市長は言った。

「せめて、鉄道の一本ぐらい敷いてくれてもいいじゃないですか、この白いダム湖の底に沈んだ町や村のために」

その晩は、国鉄千手発電所近くの宿に泊った。


翌朝、窓を開けると、眼下に粉雪にかすむ用水池があり、鴨《かも》が群れている。池の縁に張り出した雪庇が、ときどき崩れて池に落ちる。

「八時ごろになりますとね、東京の国電のラッシュ・アワーで、急に水位が下がります」

と高野さんが説明してくれる。

はたして水位が下がりはじめ、三〇分もすると池の底の泥土《でいど》が透けて見えてきた。これでは水が底をつくぞと心配していると、まもなく水位の低下は止まった。心細い発電所だが、夕方のラッシュ時までには雪融け水が貯《たま》ってくれるから大丈夫なのだそうである。きょうは松代へ行く予定になっている。松代は北越北線の沿線では十日町に次ぐ町で、人口は約八〇〇〇。

十日町から松代までは、ごく近く、直線距離にすれば一三キロしかないが、あいにく国道二五三号線が一ヵ月前から雪で不通になっているので交通機関がない。途中に薬師峠という、とりわけ雪の深い難所があって、毎年車が通れなくなるという。北越北線が開通すればトンネルの連続で直進するから一〇分余で到達できるのだが、目下《もっか》のところは、いったん柏崎《かしわざき》へ出て直江津を回るのが最短ルートとのことであった。わずか一三キロ離れた地点へ行くのに、その一〇倍近い一二〇キロもの迂回《うかい》をしなければならないのである。あまりに阿呆《あほ》らしい。

「歩いては行けないのでしょうか」

と私は言った。できることなら北越北線に沿って行きたかった。

けれども、それはとんでもない提案のようであった。カンジキをつければ越えられぬことはないが、一日では無理である。それに、吹雪に見舞われれば遭難まちがいなしですよ、と諭された。やっぱり太平洋岸の人間は、雪の恐ろしさについての認識が乏しいのだろう。

この地方の冬の生活を世にあらわした鈴木牧之《ぼくし》の『北越雪譜《ほくえつせっぷ》』には、暖地の人間をたしなめる言葉が、しばしばあらわれる。

「暖地の人花の散《ちる》に比《くらべ》て美賞する雪吹《ふぶき》と其異《そのことなる》こと、潮干に遊びて楽《たのしむ》と洪濤《つなみ》に溺《おぼれ》て苦《くるしむ》との如《ごと》し。雪国の難義暖地の人おもひはかるべし」

「雪中の洪水寒国の艱難《かんなん》、暖地の人憐給《あはれみたま》へかし」

「風雅をもつて我国に遊ぶ人、雪中を避《さけ》て三夏の頃此地《ころこのち》を踏《ふむ》ゆゑ、越路の雪をしらず。然《しか》るに越路の雪を言《こと》の葉に作《つくる》意ゆゑたがふ事ありて、我国の心には笑ふべきが多し」


私は組まれたスケジュールどおり柏崎を回らねばならなかった。車は目的地の松代に背を向けて雪の壁の狭間《はざま》を、ときどきスリップしながら走った。

柏崎から急行「赤倉」に乗り、11時15分に直江津に着くと、松代建設所の吉峰光雄さんがライトバンで迎えに来てくれていた。北越北線の工事は東半分が十日町建設所、西半分が松代建設所の担当になっている。今夜は、その松代の鉄建公団の寮に泊る予定である。

昨夜、私は十日町建設所の若い人たちとヤカンの酒を飲みながら、すこし脅かされた。

「あしたは松代の寮にお泊りだそうですね」

「そうです」

「松代は荒っぽいですよ。もしかすると、松之《まつの》山《やま》温泉に連れて行かれるかもしれませんね」

松之山温泉は松代の南一〇キロにあり、秘境というほどではないが山深い温泉場である。

雪も松代よりさらに深いという。

「あそこには、婿《むこ》投げという風習がありましてね。毎年一月一五日になると、松之山の娘を嫁にもらった婿さんたちを招いて歓待するのです」

「それは、いいことですね」

「その歓待のしかたが変っていましてね。一五メートルもの高いところから、婿さんを一人ずつ放《ほう》り投げるのです」

「危なくないのですか」

「下は雪が深いから大丈夫なんです」

それから、ニヤリと笑って、こう言った。

「婿さんでなくても投げられることがあるらしいです、熱烈な歓迎の意を表したい客が来たときはですね。松代の若い連中、張り切ってお待ちしてるようですから、松之山へ誘われたら覚悟なさったほうがいいですよ」

その松代へ向う公団のライトバンは、信越本線に沿う国道8号線を柏崎方面へ少し逆戻《ぎゃくもど》りして、まず犀潟駅に立ち寄った。犀潟は北越北線の終点となるはずの駅である。あたりは海に近い砂丘地帯で、雪は少なく、防風林のクロマツが日本海の風を受けて揺れていた。

車は北越北線のルートに沿って水田のなかを東へ向う。左に甚句《じんく》で知られる米山《よねやま》が見えている。北越北線の工事は、工期を要する長いトンネルから先に着工されたので、このあたりはまだ手がつけられていない。

前方に東頸城《くびき》丘陵が近づくと、にわかに雪が深くなった。

車は霧ヶ岳トンネルの作業坑の入口で停車した。吉峰さんに従って口径の狭い作業坑へ入って行くと、堂々たる本坑に突きあたる。照明灯が煌々《こうこう》と切羽《きりは》を照らし、削岩機の音がけたたましい。昨年度の工事費の残りで作業がつづけられているのである。

「ここも、三月末になれば工事費を使い果たして工事がストップするのですか」

と私は高野さんに訊《たず》ねた。

「ええ、五五年度の工事費の凍結が解除されないかぎり、そうなります」

「なんだか空《むな》しいですね」

「切ないですよ」

逆光で高野さんの表情は見えない。

ふたたび両側の雪の壁が高くなって何も見えなくなり、午後二時過ぎ、松代に着いた。といっても、松代に着きましたよと教えられて、そうと知っただけで、もし私が一人で運転していたら通り過ぎてしまったかもしれない。深い雪のところどころから町が顔をのぞかせているに過ぎないのだ。公団の事務所も、表側は除雪されていたが、裏口は雪に閉ざされ、そこにくぐり戸のようなトンネルが掘られていた。

午後三時、町役場に秋山利作町長を訪ねた。これは私が希望したのである。秋山さんはながく町長をつとめている人で、北越北線の誘致にとくに熱心だといわれる。東京のある新聞社の記者が取材に来て、こんな過疎《かそ》地帯に鉄道を敷く必要があるのかと質問したところ、「雪のときに出直して来い」と一喝《いっかつ》して追い返したという。そんな話を耳にしていたので、ぜひお会いしてみたかった。

イガグリ頭の秋山町長は、一見好々爺《こうこうや》ふうであったが、引き締まった口もとは頑固《がんこ》オヤジをおもわせた。たぶん両方をあわせ持っているのだろう。

けれども、豪雪の時期に、はるばる直江津回りでやって来られては、ご機嫌《きげん》を悪くする材料がない。好々爺の面しか発揮されない。そのかわり、話すこともない。私には、北越北線の工事を続行すべきか否《いな》かについて論じる立場も資格もないが、こうやって雪深い沿線を歩いていれば情が移る。それに、がんらいが鉄道好きである。以心伝心、琴線共鳴して、かえって話がはずまない。それで、

「北越北線つくるツウ話スになりますとな、もう何でもようなって」

と相好を崩す町長さんから名物の「松代そば」を頂戴《ちょうだい》して引揚げるだけに終った。

松代駅のすぐ西には、全長九一一七メートルの鍋立山《なべたちやま》トンネルが口を開けている。

このトンネルは北越北線工事の最大の難所で、昭和五三年八月に二四〇〇メートル地点まで竣工《しゅんこう》したが、そこから先の地質がわるく、遅々としている。掘っても掘っても両側から粘

板岩が押し出してきて、支柱の鉄骨と鉄板をねじ曲げ、切羽を埋めてしまうのだという。ロックボルトという長さ四メートルもの鉄棒を鍼《はり》のように何本も岩盤に打ち込んではボルトで支柱に固定し、押し出す力が弱まるのを待って掘り進むので、二年半に四〇〇メートルしかはかどっていない。

北《ほく》越《えつ》北《ほく》線・下り）

全線運休中
開通見込不明

3M		527M	529M	3025M		531M	533M	列車番号
10	…	…	…	1710	…	…	2010	うえの
27	…	…	…	1827	…	…	2127	えちごゆざわ
湯沢 40				越後湯沢 1840			越後湯沢 2138	始発
56	ゆきぐに3号	1618	1715	1856	ゆきぐに5号	1912	2200	むいかまち
レ		1623	1720	レ		1917	2205	にしむいかまち
レ		1633	1730	レ		1927	2214	ついけ
10		1638	1735	1910		1932	2219	とおかまち
11		1650	1745	1911		1940	2222	
24		1707	1800	1924		1955	2236	まつだい
レ		1718	1811	レ		2006		くびきおおしま
レ		1726	1819	レ		2014	…	さわだ
レ		1736	1834	レ		2024	…	ますだ
レ		1743	1841	レ		2031	…	さいがた
レ		1754	1850	レ		2040	…	くろい
54		1758	1855	1954		2044	…	なおえつ
22	3両			2122	3両		…	とやま
10		…	…	2210		…	…	かなざわ
51				251				次の掲載ページ

笹割ずし(500円)　松代——婿投げ弁当(600円)

宮脇俊三作
国鉄非監修

六日町——十日町——犀潟

新幹線(接続)	営業キロ	列車番号	521M	523M	3021M		9033M		3611M		5[illegible]
		上野発	…	…	710	…	…	…	…	…	[illegible]
		越後湯沢着	…	…	827	…	…	…	…	…	[illegible]
		始発			越後湯沢 840	「ゆきぐに1号」 ⊠ (自 3両)	上野 646	「特急 新雪1号」 ⊠ 全 【3月15日まで運転】	上野 823	「急行 まつのやま」 ⊠	
北越北線	0.0	弁 六日町発	642	724	856		937		1131		[illegible]
	3.6	西六日町〃	647	729	レ		レ		レ		[illegible]
	12.3	津池〃	657	739	レ		レ		レ		[illegible]
	15.9	弁 十日町着	702	744	910		952		1146		[illegible]
		十日町発	704	748	911		955		1148		[illegible]
	29.3	弁 松代〃	719	803	レ		1009		1202		[illegible]
	38.8	頸城大島〃	730	814	レ		《運転注意日》		レ		[illegible]
	44.8	沢田〃	738	822	レ				レ		[illegible]
	53.7	増田〃	748	832	レ				レ		[illegible]
	59.4	犀潟着	755	839	レ				レ		[illegible]
信越本線	63.8	黒井発	804	848	レ				レ	…	[illegible]
	66.5	直江津着	808	852	953		…		1235	…	[illegible]
北陸本線	184.3	富山〃			1121		…		1420	…	
	243.8	金沢〃	…	…	1210		…			…	
		次の掲載ページ			250				251		

六日町——スキー弁当(600円)　**十日町**——ちぢみ弁当(500円)

その難工事の現場を見たいというと、若い高野彬所長は、こころよくトロッコを出してくれた。トロッコといっても、蓄電池式の機関車が後押しする立派なものである。

きのうから行を共にしてくれている東京支社の係長も高野さんなら松代建設所長も高野さんで紛らわしいが、二人の高野さんと私とを乗せたトロッコは鍋立山トンネルに入って行った。時速八キロという鈍速であり、レールの継目ごとにゴツン、ゴツンという衝撃が脳天まで伝わってくるから快適とは言えないが、北越北線の試運転列車に乗っているような気分がしないでもない。

一五分ばかり走って切羽に着く。なるほど、鉄骨の支柱が内側に歪《ゆが》んでいる。ガサッと粘板岩が欠け落ちて、足もとにころがってくる。山が動いているのであろう。気持のいいものではない。

しかし、高野所長はトンカチで岩盤を叩《たた》いたり、鉄骨を手で撫《な》でたりしてから、

「このあたりは、もうだいぶ落着いてきましたよ」

と言った。

鍋立山トンネルから戻ると、寮の食堂に一同が会して夕食となる。

松代建設所の人たちは、所長の高野さんをはじめとして、みんな若く、それが一〇人も集まってヤカンの酒を酌《く》み交したから賑《にぎ》やかなことになった。

ややあって、高野さんが、「では、これから松之山に参りましょう」と言う。一同も和した。

タクシーを連ねて松之山へ向った。ヘッドライトに照らし出されるのは、吹きつのる粉雪と白い壁ばかりである。雪の壁は、これまでに見たどれよりも高く、六、七メートルあるのではないかと思われた。これは除雪車が雪を道の両側に吹き上げるからで、実際の積雪は五メートルぐらいだそうだが、とにかく白く深く狭い崖《がけ》の間ばかりを車は走った。

松之山の湯は熱かった。酒を飲んでいたので、私は頸筋《くびすじ》に何杯も湯をかけてから浴槽《よくそう》に入った。

湯から上がって、また酒を飲んだ。鯉《こい》のあらいが膳《ぜん》に上り、これがうまかった。あらためて礼を言うと、

「いいえ、松代にいますと、ここへ風呂《ふろ》に入りに来るぐらいしか楽しみがないのです。今年は雪落としばかりやらされてまして、松之山へ来たのは今年になってはじめてです」

と高野さんは言った。

土木、とくにトンネル掘りの技術者たちは気持のいい人たちが多いという。いい湯につかり、酒を飲んでいるからでもあるが、松代建設所の人たちといっしょに過ごしていると、本当にそうだと思う。

私は気持よく酒を飲んだ。

それから先のことは、よく覚えていない。ただ、私が「婿投げ」のことをちょっと口にしただけで、みんながどっと笑ったことだけは覚えている。

十日町の連中から、適当に脅かしておいたからあとはよろしくやってくれ、というような連絡が入っていたにちがいない。

白き湖底の町では、楽しみが少ないのだろう。

開業――一九九七年三月二二日

北越北線の効用は智頭急行とおなじく、「ルートの短縮」にあるが、運輸需要は、それよりはるかに大きいと予測された。建設区間が新潟県内のみであることも幸いして工事中止から三年後の一九八四年八月に第三セクター「北越急行（株）」が設立され、翌年に工事が再開された。

この線の開業への道を左右したのは、政治や数字ではなく、鍋立山《なべたちやま》トンネルの工事であった。本文中でも触れたが、悪質きわまる地質への挑戦は空前の難工事となり、新工法をつぎつぎに駆使しても掘削不能になることが、しばしばであった。ナベタチヤマの名は世界の土木界にその名を知られたほどだという。鍋立山トンネルが完成したのは一九九五年八月で、工事再開から一〇年半を要した。

その間の一九八九年、「幹線鉄道活性化」の運輸省の方針により高規格化が決定し、線路の強化のみでなく、非電化の予定が電化に変更された。最高速度は、なんと時速一六〇キロ。北越北線はカーブが少なく、線形がよいうえに踏切がない。在来線では最上の条件を備えているわけだ。おかげで、越後湯沢―直江津間の所要時分は私の架空時刻表より二〇〜二五分も短縮された。この間の最速列車の表定速度は一〇七キロに達する。

途中駅は当初の計画より三つ増えて一二駅になった。本文記載の駅名（仮称）と異なるものが多いので、六日町側から列記しておこう。（ ）内は工事中の仮称である。

魚沼丘陵《うおぬまきゅうりょう》（西六日町）、美佐島《みさしま》（津池＝赤倉トンネル内）、しんざ、十日町（十日町）、まつだい（松代）、ほくほく大島《おおしま》（頸城大島）、虫川大杉《むしがわおおすぎ》（沢田）、うらがわら、大池《おおいけ》いこいの森《もり》、くびき（増田）。旅客誘致の志向が伝わってくるような命名ではある。

このほかに三つの信号場があり、いずれもトンネル内に設けられている。

鍋立山トンネルの完成によって北越北線実現の目途がたった。そして、線名を「ほくほく線」に改め、めでたく一九九七年三月二二日に開業したのであった。

＊

開業から二日後、私は越後湯沢発11時18分の「はくたか8号」に乗った。「はくたか」の編成は八両または九両で、一日一〇往復。つまり智頭急行の「スーパーはくと」の約三倍の輸送力がある。

JR東日本、北越急行、JR西日本の三社にまたがる「はくたか」は各社それぞれのタイプの車両を使っていて、JR西日本は二種ある。私が乗った「はくたか8号」は西日本の485系で、リニューアル車である。

各社の保有する「はくたか」は、自社内の走行区間が断然長い西日本が七編成、北越急行が二編成、東日本が一編成となっている。西日本が主体なので、列車番号のつけ方は北陸本線に合せてある。越後湯沢発が偶数番号の「上り」になるわけで、下りの上越新幹線から乗継いできた者には違和感がある。どうでもいいことだけれど。

六日町からほくほく線に入っても、「はくたか」はＪＲの乗務員が運転する。北越急行の運転士が乗務するのはローカル各停のみである。

一六年前に探訪したときは豪雪に悩まされながら覗きこんだ赤倉トンネルに進入。思い出す間もない。入口近くにあるはずの魚沼丘陵駅も見当らず。

トンネル内の美佐島駅も出口のしんざ駅も、はっきりしない。各停用の駅のホームの長さが二両分しかなく、大半が片面ホームなので、高速の「はくたか」の車窓からでは気づきにくい。

十日町に停車。高架の真新しいホームから雪の街と飯山線を見下ろす。特急停車駅なのでホームは長いが、ホームに接しない通過用の一線スルーがある。「はくたか」の二本に一本は十日町をも通過するのである。私が架空時刻表をつくったとき、十日町には全特急が停車するものと思いこんでいた。「はくたか」の高速化が北越急行の収益の鍵を握っているとはいえ、そのダイヤは徹底している。

薬師峠トンネルを抜け、まつだいを通過する。松代は鍋立山トンネルの不気味な切羽を探訪したあと、鉄建公団松代建設所の若い人たちと豪雪のなかで痛飲した思い出深い地である。沿線では十日町につぐ町で、松之山温泉への入口でもあり、私の時刻表では一部の特急が停車し、駅弁も販売するはずだった。

しかるに現実となったまつだい駅は、行きちがい設備はあるが、ローカル各停しか停まれない短いホームで、「はくたか」は一瞬で通過してしまう。

鍋立山トンネルに突入する。ついに開通したか、との思いはつのる。が、時計の秒針を眺めて通過時間を測るしかすることがない。

頸城平野がひらけると高架橋の連続になる。犀潟で信越本線に合流して日本海の砂丘と防雪林に沿って走り、直江津着12時13分、下車。

帰りは直江津発13時18分の各停に乗る。ワンマンカーで、運転席を通して前方が見える。北越急行の諸設備がよくわかり、「はくたか」より面白い。客も運転士も地元の人で、運賃箱に戸惑うお婆さんに運転士が方言で説明している。

おなじ線路でも「はくたか」と各停とでは、ずいぶん印象がちがう。高速道路と村道が同居しているようであった。

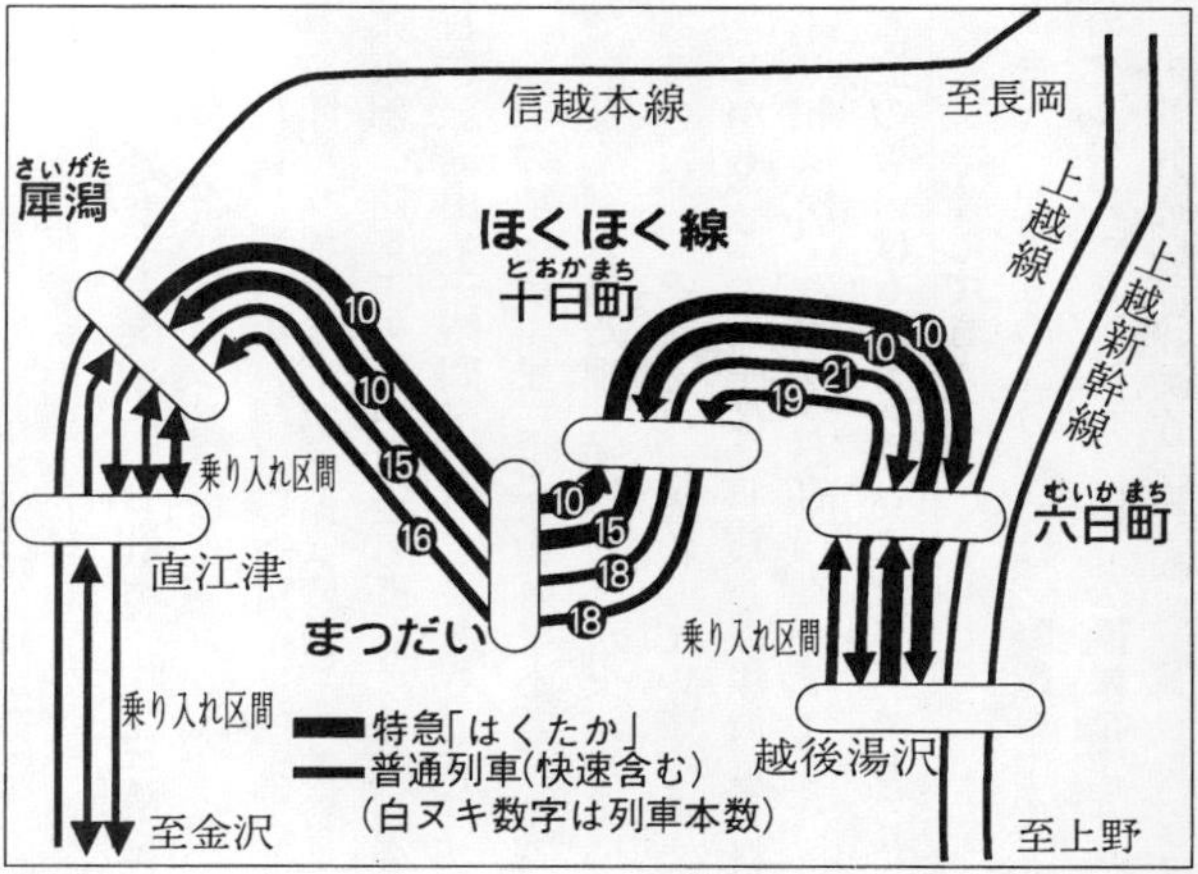
信越本線
至長岡
上越線
上越新幹線
犀潟《さいがた》
ほくほく線
十日町《とおかまち》
10
10
15
16
10
10
21
19
10
15
18
18
乗り入れ区間
直江津
まつだい
六日町《むいかまち》
乗り入れ区間
越後湯沢
乗り入れ区間
特急「はくたか」
普通列車(快速含む)
(白ヌキ数字は列車本数)
至金沢
至上野

建設と廃線の谷間で――三陸縦貫線《さんりくじゅうかんせん》

「三陸縦貫線《さんりくじゅうかんせん》」は、宮城県（陸前）の前谷地《まえやち》から太平洋沿いに岩手県（陸中）を通って青森県東部（陸奥）の八戸《はちのへ》に至ろうとする鉄道の総称で、起点の前谷地は、仙台《せんだい》から東北本線と石巻《いしのまき》線経由で一時間余の地点にある。

沿線の地形は、まことに複雑である。南寄りの三分の二は溺《おぼ》れ谷の連続するリアス式海岸で、長く突き出た岬《みさき》と深い湾とが交錯している。湾の奥には、わずかな平地があり、集落があるのだが、それぞれが隔絶していて、いまだに交通の便に恵まれない集落がある。

しかも、この沿岸は、しばしば津波に見舞われる。湾口がラッパ状に開いているので、二メートル程度の津波でも押し狭められて一〇メートルもの高さになる。津波に襲われれば、直接の被害はもとより、交通が不便であるため、救援物資や食糧の搬入ができず、被害をさらに大きくしてきた。

また、北寄りの三分の一は、隆起海岸で、断崖《だんがい》がつづき、船を寄せつけない。現在は「海のアルプス」と呼ばれ、国立公園に指定されているが、これまた嶮岨《けんそ》な地形である。

鉄道が欲しい、鉄道さえあれば、という思いは、明治いらい日本中を席捲《せっけん》してきたけれど、三陸沿岸地方ではひときわ強かったようだ。どの町や村にも、悲願一〇〇年、八〇年、六〇年といった鉄道誘致運動の歴史があり、それに生涯《しょうがい》を捧《ささ》げた人たちがいる。

けれども、この地方への鉄道敷設《ふせつ》は遅々として進まなかった。地形が嶮《けわ》しく、建設費がかかるのに反し、人口が少ないからであろう。我田引鉄《がでんいんてつ》に熱心だった政友会が政権をとれば計画が具体化して住民を喜ばせ、「改主建従」、つまり、既設線の改良を優先させ新線の建設は後回しにする方針の民政党に変われば立ち消えになる。津波に襲われれば党派を超えた同情の視線が注がれ、三陸縦貫鉄道の夢が実現しかかるが、災害が忘れられるころには、鉄道の話も沈潜してしまう。そうしたことを繰り返しているうちに戦争になり、工事も計画も中断してしまった。

それでも、戦後になると、ようやく積年の運動が実を結び、工事の再開、計画の具体化へと進んで、昭和五二年一二月に気仙沼《けせんぬま》線の柳津《やないづ》―本吉《もとよし》間が開通した時点では、前谷地―八戸間三四四・五キロのうち、未開通区間は吉浜―釜石《かまいし》間の一五・二キロと田老《たろう》―普代《ふだい》間の三二・二キロの二区間のみとなった。未開通区間の工事も着々と進行し、昭和五五年度末現在ではトンネル、鉄橋はすべて完成、路盤、道床も九分九厘まで工事を終り、レールも敷かれて、あとは駅と通信関係を残すのみとなった。正に、あと一息である。

だが、その一息の間に、情勢が変った。赤字国鉄再建のために新線工事が中止されたばかりでなく、既設線のうち三区間もが廃線指定を受けてしまったのである。

「三陸縦貫線」の内訳と現状は、つぎのようになっている。

前谷地—気仙沼（気仙沼線）存続
気仙沼—盛《さかり》（大船渡《おおふなと》線）存続
盛—吉浜（盛線）廃線指定
吉浜—釜石（盛線）工事中止
釜石—宮古《みやこ》（山田線）存続
宮古—田老（宮古線）廃線指定
田老—普代（久慈《くじ》線）工事中止
普代—久慈（久慈線）廃線指定
久慈—八戸（八戸線）存続

廃線指定を受けた三区間は、いずれも昭和四〇年代の後半に開通したばかりで、まだ一〇年しか使っていない。もっとも、逃げ道というか、救済策が残されていて、国鉄の手を離れて「第三セクター」が運営するならば路線を無償で提供し、新線建設の工事も再開することになっている。

この第三セクター方式は地方財政を圧迫するということで、一般的には不人気なのだが、三陸縦貫線の場合は岩手県が中心になって検討している。それだけ「悲願」の度が強いのであろう。しかし、検討の域を出るものではない。もし、財政的に無理だと諦《あきら》めれば、三陸縦貫線の夢が実現一歩手前で挫折《ざせつ》するばかりでなく、既設の三区間も消えてしまうのである。

七月一三日（昭和五六年）、月曜日、上野からの夜行急行「十和田《とわだ》3号」は定刻7時40分に八戸に着いた。梅雨空の東京を忘れさせるような青空が広がっていた。

これから、八戸線、久慈線の順に三陸縦貫線を北からたどって行こうと思う。工事を担当している日本鉄道建設公団の盛岡支社から計画部長の大塚正幸さんが同行してくださることになっている。毎度お手数をかけて申しわけないのだが、その大塚さんは八戸着10時42分の列車で来られるという。三時間ほど間《ま》があるので、八戸を見物して過ごすことにした。

まず魚市場へ行く。すでに荷揚げはほとんど終り、広い場内はガランとしていたが、さいわい第二十三丸中丸という九九トンの漁船が一隻《せき》だけ残って、ベルトコンベアで、つぎつぎと氷の板を陸揚げしている。近寄ってみると、氷板に見えたのは冷凍のイカで、五、六十パイが折り重なって凍っている。訊《たず》ねてみると、佐渡沖で一ヵ月間操業して、けさ入港したのだそうで、収穫は氷板の数にして四六〇〇枚だという。しかし、一枚一七〇〇円以上で売らなければ採算がとれないのに、競《せ》りでの価格はたったの一〇〇〇円よ、と漁船員は不機嫌《ふきげん》に答える。

馬淵川の河口を利用した港湾の上を、八戸大橋が高くまたいでいる。中央部のいちばん高いところは手すりの上にさらに金網が張られている。自殺防止のためだという。架橋技術が進歩して水面からの高さ何十メートルという高い橋がかかると、たちまち投身自殺の名所になってしまうという話は各地で耳にする。たしかに、下を見ると、水が私を呼んでいるようで誘惑されかねない。しかも、バスやトラックが通るたびに橋が揺れる。

その八戸大橋の下をくぐって、大きな裸電球をずらりと吊《つ》るしたイカ漁船が続々と港外へ出て行く。採算割れの話を聞いたあとだけに同情を禁じえないが、見た眼《め》には威風堂々、八戸艦隊の出撃である。

八戸の東のはずれにウミネコの繁殖地として知られる蕪島《かぶしま》がある。毎年三月になると数万羽のウミネコが南から飛来して五、六月に産卵し、雛《ひな》が成長するのを待って八月には南に去って行く。蕪島は陸とつながった小さな島で、八戸線の車窓からもウミネコの大群と糞《ふん》に被《おお》われて真っ白になった異様な光景を見ることができるが、八戸で途中下車したからには島に上がってみなければならない。

けれども、蕪島見物は一〇分もすると神経がおかしくなってくる。なにしろ鳴き声がすごいのだ。数万羽もいるのかどうか知らないが、それらが頭上や足もとで鳥らしくない耳ざわりな奇声を絶えず発しまくるので、鼓膜の感度が怪しくなってくる。彼女らの糞も落ちてくる。

いろいろ見物して、何しに来たのかわからなくなりかけたころ、三時間が過ぎて大塚さんと八戸線の車中で落ち合う。技術屋さんらしいタイプの人であった。盛岡からわざわざ来ていただいて、と挨拶《あいさつ》すると、いえ、機会があったらひと回りしたいと思っていたのですよ、と言ってくれた。

大塚さんの話によると、三陸縦貫線では鉄橋が見所で、さまざまな様式の鉄橋があり、鉄橋の陳列館のようだという。

「それは、地形に応じて変えたのですか」

と私は訊ねた。

「それもありますが、いろいろ実験してみたのです。楽しませてもらいましたよ」

大塚さんは、苦いような満足気のような、ややこしい笑みで答えた。大塚さんは北海道大学の土木工学科の出身で、鉄建公団が設立された翌年に入団した人である。

「公団の人が大学に勧誘に来ましてね。鉄建公団は生れたばかりの前途洋々たる職場だ、思う存分に仕事ができる、と言われて、一発で入る気になったのです」

いまや鉄建公団の前途は、洋々とは反対の方向に向っているけれど、物をつくるという仕事は、それなりに満ち足りるものをあたえてくれるのだろうか。

鉄橋の話を聞いたり、太平洋を眺《なが》めたりしているうちに、車内が閑散となって、12時33分、久慈に着いた。久慈は八戸線の終点であるが、線路は名称を「久慈線」に変えて二六・〇キロ先へ延び、普代に至っている。私たちが乗ってきた列車も久慈線に乗り入れる。久慈線は鉄建公団の担当路線で、普代まで開通したのは昭和五〇年七月、まだ六年しかたっていないが、輸送密度が低いので廃線指定を受けている。

久慈からは柳田健一さんが加わった。柳田さんの名刺には、「日本鉄道建設公団盛岡支社

小本《おもと》鉄道建設所　兼　久慈鉄道建設所　兼　釜石鉄道建設所　所長」と刷られているが、そのうち「久慈鉄道建設所」は赤ペンで消され、その下に小さな字で「廃止」と書いてある。兼務する地域の広さといい、廃止といい、縮小段階に入った鉄建公団を象徴するような名刺である。

しかし、豊かな体軀《たいく》を作業服に包み、陽焼《ひや》けした丸顔にヘルメットをのせた柳田さんは、「建設所といいましてもね、もう工事は終りましたし、いまは小本の掘立《ほったて》小屋に私と、もう一人の二人だけで頑張《がんば》っているのですよ」

と、ニコニコしている。

安家川《あっかがわ》の深い谷にかけられた高い鉄橋を、大塚さんの説明を聞きながら渡り、13時25分、普代に着いた。

普代は廃線指定を受けた久慈線の終着駅である。さぞかし鄙《ひな》びさびれた駅と想像されるだろうが、東北地方のローカル線にはいくつとない堂々たる駅である。高架で進入した線路を支えるようなモダーンな駅舎がある。それに接して町営のターミナル施設があり、食堂や売店が備わっている。駅前広場は整備され、その中央には三〇〇平方メートルほどの緑地帯さえある。発着する列車は、わずか一日六本、乗降客も寥々《りょうりょう》としているが、駅の結構としては人口一〇万人、あるいは二〇万人級の都市並みだ。

はじめて普代に来たのは五年前だった。あのときは三陸縦貫線の工事が着々と進行していた。大きすぎ立派すぎるように見えても、それは将来の発展に備えたものと映った。きょうは、この駅をどう使うつもりなのだろう、と考える。

広い普代駅前広場の中央にある緑地帯は、ちょっと変っている。一般の駅前緑地帯は芝生と花壇、そして中心に植樹したり碑を建てたりする型が多いのだが、ここのは十数本の雑木が無秩序にあるだけで、雑草が茂っている。手入れの気配もまったくない。自然のままに放置されている。けれども、それがかえって効果をあげているように思われた。

私は感心したので、その旨《むね》を述べると、柳田さんが笑いながら「いやいや」と頭を掻《か》いた。

「あの部分だけ地主が売らないのですよ。町長が説得したのですが、頑として手放さないのです。それで、あんなぐあいに……」

ひとりで勝手に感心しているのと実態とは、こうもちがうのである。三陸縦貫線沿線の住民に非協力者がいるなどとは考えてもみないことであった。

「その地主は偏屈な人なのですか」

「いいえ、そうじゃないのです。ごく普通の人なんですが、あの土地だけは売らないのです」

普代から先が未開通というか、工事中止になった区間で、まだ使われたことのない真新し

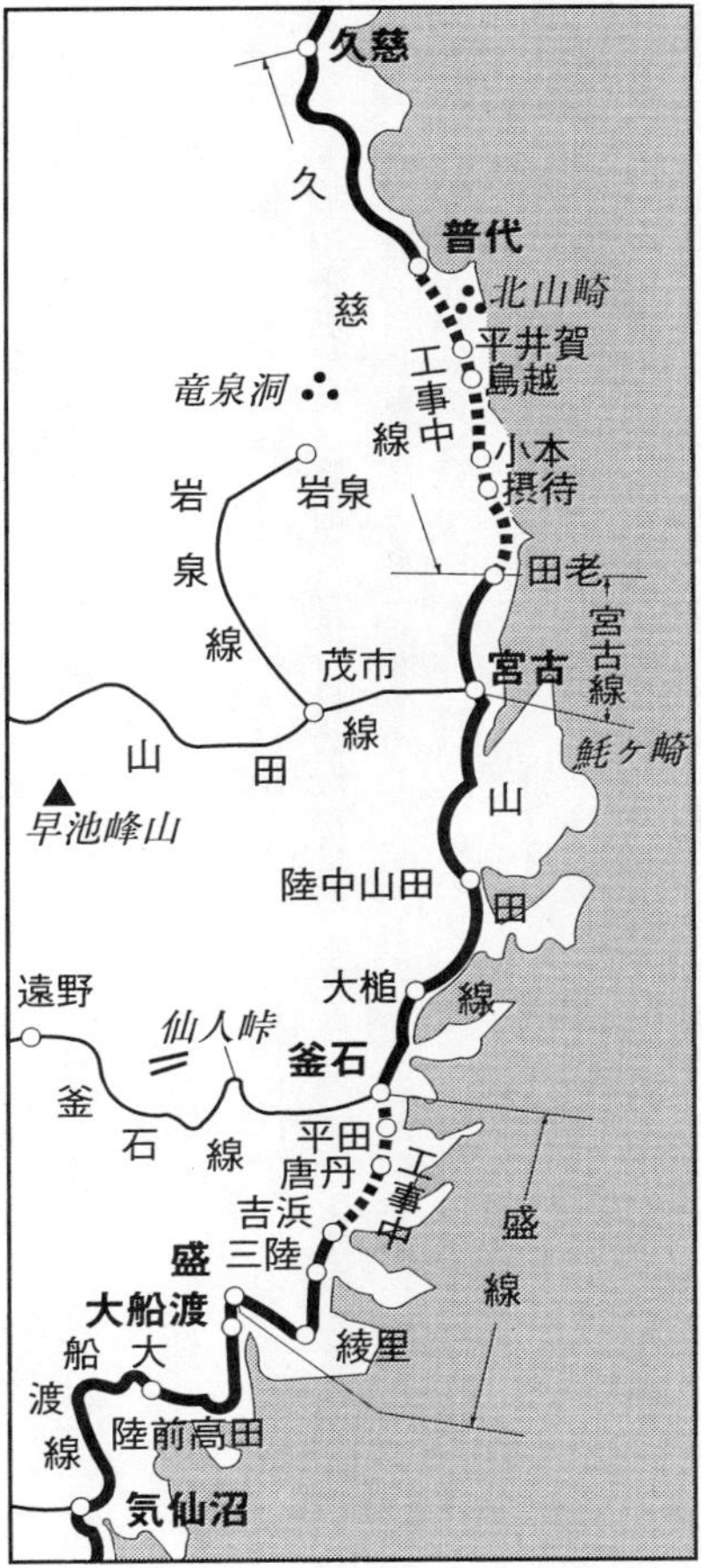

い線路が延びて短い鉄橋を渡り、トンネルへと消えている。

トンネルの入口に立ってみる。涼しい風が坑口から出てくる。この普代トンネルは四七〇〇メートルあり、久慈線では三番目に長い。路盤にはコンクリートのスラブ軌道も完成し、二本のレールも敷かれている。いまにも列車が現われそうだが、レールの上面は茶色に錆《さ》びている。昭和五〇年一二月に竣工《しゅんこう》していらい五年半も空《むな》しく列車を待っているのだ。このトンネルの工費は二〇億円だったという。

「道路ですとね、部分開業ということができるのですが、鉄道の場合は付帯設備がいろいろ必要なので、それができないのです」

と大塚さんが言った。

普代トンネルは標高三四八メートルの大峰山の下をぶち抜いて田野畑《たのはた》村の平井賀《ひらいが》漁港へと通じている。田野畑村は三陸沿岸の市町村のなかでも、とくに交通の不便なところである。現在は、山中を行く国道四五号線と海岸寄りにつけられた観光道路の二本にバスが走り、陸の孤島ではなくなっているが、いずれも時間がかかりすぎて、村外の高校に通おうとすれば、家を離れて下宿せねばならぬという。

鉄建公団の車に便乗して観光道路を田野畑村の北山崎《きたやまざき》へ向う。入江の崖《がけ》を巻くように急坂《きゅうはん》を登ると、地形がにわかに平坦《へいたん》になり、草原や畑が現われる。このあたりは隆起海岸で、のどかな田園の端が断崖《だんがい》になっている。北山崎は、そうした隆起海岸独特の風景を代表するもので、切手の絵柄《えがら》にもなった景勝地である。一五〇ないし二〇〇メートルの断崖がつづいて、それ自体でも絶景であるが、平板な田園の上をたどってくると、大地の角度が突然九〇度転換してストンと海へ直角に落ちる、その演出がおもしろい。

またまた観光をして、北山崎を後にし、隆起台地の上を南に走って海岸に下ると羅賀《らが》という小さな漁港があり、村営の保養センターが建てられていた。そこで田野畑村の助役の佐々木金一さんからお話をうかがった。

田野畑村は県民所得の低い岩手県のなかでも最低であった、しかし、酪農や南部桐《なんぶぎり》の栽培に力を注いだ結果、いまでは県内の中位まで向上した、海岸部では養殖ワカメによって一年のうち八ヵ月分ぐらいの生計をまかなっている、これで鉄道が開通すれば進学率も良くなるし、観光的にも……という説明があってから、

「けんど、宮古の菊池市長が、つい先日亡《な》くなりましてなあ」

と佐々木さんは顔を曇らせた。宮古は三陸海岸の中心都市であり、菊池良三市長は三陸縦貫線実現の推進者だったという。

「そう言えば、志津川《しづがわ》の町長も気仙沼線開通の一年前に亡くなりましたね」

と私は言った。気仙沼線が開通したのは昭和五二年一二月であるが、待ちくたびれたかのように町長は開通一年前に汽車の絵を染め抜いた手拭《てぬぐい》を全町民に配り、その年に亡くなったという新聞記事を読んだことがあったからである。

それから、鉄道誘致運動と沿線市町村の首長の死との関係如何《いかん》、という不吉な話題になった。

「岩泉町長の場合は、もっと気の毒でしたよ。岩泉線開通のたった一週間前でしたよ」

と佐々木さんが言う。

「柳津の町長も直前だった」

「丸森の町長も、たしかそうだった」

と、大塚さんと柳田さんが、こもごもに口をそえる。

鉄道を敷くには歳月がかかる。その間に首長が死去するのはやむをえない。けれども、話を聞いていると、歳月と人間の寿命といった自然の関係だけではないらしい。市町村長たちは「鉄道」に精魂をすりへらしているのだ。

まず、中央への誘致運動がある。先々代の志津川町長は、東京への陳情に明け暮れたために「不在町長」の異名をとったという。誘致運動が実を結び、計画が具体化してくれば、こんどはルートの問題がある。おなじ町村内でも、こっちを通せ、なぜあっちを通すのだ、で分裂が起る。それを調整しなければならない。ルートが決まれば、つぎは駅をどこに設けるかである。道路とちがって鉄道は駅が近くになければ利益をもたらさない。さらに用地買収。鉄道敷設《ふせつ》には大賛成だが自分の土地を手放すのはイヤだという人はどこにもいる。その説得にも当らなければならない。そのほか、いろいろあるだろう。

ヤマ場にさしかかったとき、それを越えてホッとしたとき、開通日決定まで漕《こ》ぎつけたとき、祝賀の準備を万端整えたときなどに、生命の危機が首長たちを見舞うらしいのである。それは偶然の死ではないだろう。

「鉄道に熱心だった人ほど、そうなるのですか」

と私は訊《たず》ねた。概してそうであるとのことであった。

「田野畑村の村長さんは、どうなさっていますか」

「きょうは、あいにく例の第三セクター検討の会議がありまして、盛岡の県庁へ行っております。不在で失礼申し上げました」

「いえいえ、村長さんの健康はどうかとおうかがいしているのです」

「うちの村長は大丈夫です」

そう答えてから佐々木さんは、あわてたように、

「鉄道にも熱心な村長です。ただ、まだ若くて元気なのです」

とつけ加えた。


田野畑村には、平井賀と島越《しまのこし》の二つの駅が設けられる予定になっている。なっていた、と言うべきかもしれない。いずれも漁港である。この二つの駅予定地を見た。平井賀のほうは上下列車がすれちがえるように路盤の幅が広がっていたが、島越は単線の駅であった。

この二つの駅予定地のあたりでは、線路が地上に姿を現わすが、そこから先は、また長いトンネルに入ってしまう。工事中の普代—田老間三二・二キロのうち、その七八パーセントにあたる二五・〇キロがトンネルなのである。

車は久慈線から離れて谷に入り、山肌《やまはだ》をくねりながら登った。標高差にして二〇〇メート

ルほど登ると平坦になる。そこを国道45号線が走っている。ただ、このあたりの隆起台地は、ところどころに深い谷が刻まれているので、それにぶつかると国道は大きく迂回《うかい》したり、鉄橋で一気に渡ったりする。

窓外の雑木林が突然消えたと思うと、車は高い橋にさしかかり、その中央で停車した。高さ一〇五メートルの槙木沢橋《まきさわ》で、観光案内書にも載っている名所である。この橋が架けられるまでは、槙木沢の奥まで遡《さかのぼ》り、谷が浅くなるのをまって渡らざるをえず、大迂回を余儀なくされていた。それだけに効果抜群の橋なのであるが、やはり八戸大橋とおなじく自殺希望者にも利用されている。ただし、こちらには金網が張られていない。

思い切り上半身を乗り出せば重心が外に出てしまいそうな鉄柵《てっさく》を両手でシカと握って下を見る。あるはずの流れは、ほとんど見えない。それほど樹々《きぎ》が濃く茂っているのだろうが、一〇五メートルの高さからでは密林が房々したカーペットのように見えなくもない。落ちても柔らかく受けとめてくれそうだ。

槙木沢橋を渡ると、一変して穏やかな平坦地になり、畑や牧場がある。海岸の平野部が地《ち》殻《かく》変動によって隆起すれば、こうした地形になることは知っているけれど、なんだか、殴られたあとで頭を撫《な》でられているような感じである。海岸を行く鉄道はトンネルばかり、高いところを行く道路はトンネルを避けた代りに谷と格闘する。それぞれの長所短所に即した建設法であり、両者が備わることによって漁村、農村の双方が文明の恵みに浴するのが田野畑村なのであろうが、いずれにしても嶮《けわ》しい地形に苛《さいな》まれた村ではある。田野畑村を出ると、国道は曲折しながら下り、小本川に沿うわずかな平地が開けて、柳田さんの本拠地小本に着く。五一七四メートルの長いトンネルを抜けてきた久慈線も、解放を喜ぶかのように路盤の幅を広げて三車線、二本ホームの小本駅に進入している。

その小本駅の南に接して小本川橋梁《きょうりょう》がある。二本の高い支柱のある吊橋《つりばし》型で「ＰＣ斜張橋」といい、鉄道橋にしては珍しい形をしている。

「建築工学学会賞をもらったのですよ」

と大塚さんが言う。美観とは関係のない賞だろうけれど、二本の支柱が一直線に並ぶ位置から眺《なが》めると、なかなか形がいい。宗谷岬《そうやみさき》の氷雪の門を思い出させる。

私はレールの間を歩いて橋の途中まで行ってみた。橋の向うにトンネルがある。私はまた、トンネルの口から列車が現われそうな錯覚にとらわれた。しかし、レールの上面は錆びている。もし、このまま列車が走らずに終ったとすれば、頭上に聳《そび》える塔は一つの愚挙の記念碑になり果てるのだろう。

小本川橋梁から降りてくると、路傍《みちばた》で四歳ぐらいの女の子が私たちに向って手を振っている。

「開通日には、この子も旗を振るのでしょうね」

と私は言った。

「そのころには、すっかり大きくなって花笠《はながさ》踊りかなあ」

大塚さんは、そう言いながら苦笑した。

陽は北上山地の向うにかくれ、車はふたたび隆起台地の上を走った。きょうの宿泊地は田老である。

田老は宮古線の終着駅で、ここで工事中の久慈線とつながる。地形的にも隆起海岸と沈降海岸の境目で、田老以南の集落は湾の奥にある。それだけに幾度も津波の惨禍に見舞われてきた。田老町の記録によると、明治二九年六月一五日の津波では三三六戸が流失し、生存者はわずか三六人、昭和八年三月三日の場合は、流失五〇五戸、死者と行方不明者は九〇一人にも達している。

現在、リアス式沈降湾の奥にある各集落には防潮堤が築かれ、津波の被害は少なくなったが、その先駆となったのが田老で、昭和九年から二四年がかりで高さ一〇メートル、長さ一六〇〇メートルの大防潮堤が築かれ、以後、すべての津波をはねかえしている。町のなかに入ると、防潮堤によって海側の視界が遮断《しやだん》され、まるで城壁に囲まれた都市にいるかのようである。

私たちの宿は、その「城壁」の外にある「はまひら荘」であった。もっとも、岬の中腹にあるので津波の心配はない。

夕食の膳《ぜん》には魚介類が食べきれないほど並んだ。名産のウニやホヤも出た。ホヤは臭くて食べられないと思っていたが、よほど新鮮なのか、恐る恐る口にしてみると臭味はなかった。

もちろん酒も飲んだ。大塚さんは酒が強く、弱くはないはずの私の酒量を上回った。柳田さんが二本の地酒をドスンと差し入れてくれたときは、こんなに頂戴《ちょうだい》しても、と思ったが、それが残り少なくなってきた。どうも鉄建公団の人は、みんな酒が強いようだ。智頭線を案内してくれた大阪支社の乾さんもそうだったし、北陸北線の人たちはヤカン酒を湯呑茶碗《ゆのみぢゃわん》でガブガブ飲んだ。

そう言うと、大塚さんは、

「いや、柳田さんはもっと強いですよ。あしたの晩は彼がお相手するはずですから、大変でしょう」

と笑った。

飲みながら大塚さんの話をいろいろうかがった。それらのなかで、やはり胸に残ったのは、つくる人と使う人、あるいは、つくる人と使わない人とのズレであった。

「三江線《さんこう》の開通祝賀会でのことですが」

と大塚さんが言う。三江線とは広島県の三次《みよし》と島根県の江津《ごうつ》を結ぶ線で、開通は昭和五〇年であった。

「その席で公団側が挨拶《あいさつ》するわけです。長年手塩にかけた娘を嫁にやるような気持です、国鉄さん、どうかよろしくお願いしますって」

「なるほど」

「それに対して国鉄側も挨拶するのですが、それたるや……」

と言って大塚さんは、ちょっと絶句した。

「これでまた管内の赤字線が増えた、お荷物が増えたって、そう言うんですよ」

明けがた、眼《め》を覚ますと、魚臭い。台所で魚でも焼いているのかと思ったが、そうではなかった。生臭《なま》いのは布団《ふとん》の襟《えり》もとである。浴衣《ゆかた》の袖《そで》に鼻を押し当ててみると、これも臭い。どうやら魚を食べすぎたらしい。

田老駅の売店で買った『伝説と民話集・ふるさと』（田沢直志編、田老町観光協会発行）に、こんな話が載っていた。

田老の町にやってきた牛方が魚屋の店先で牛をつなぎ、店から流れてくる焼魚のかもり（臭《にお》い）をおかずにして弁当を食べはじめた。それを見た魚屋が「おれに無断で魚のかもりをおかずにしているな。さあ、代金を払ってくれ」と、どなった。すると牛方は腹巻からゼニ袋をとり出して、チャリンチャリンと振り鳴らし、「それ、ゼニコの音だ、なんぼでも欲しいだけ持っていけ」とやり返した……。

とにかく生臭いのである。

二日目の見学は、三陸縦貫線のもう一つの未開通区間、盛線の釜石―吉浜間一五・二キロで、きょうも柳田さんが車で案内してくださることになっている。

宮古で盛岡に帰る大塚さんと別れ、代っておなじ盛岡支社の佐藤千代吉さんが加わった。佐藤さんの名刺には「工事第二係長」とある。

佐藤さんと柳田さんは組合活動をいっしょにやった仲だそうで、親しげに話し合っている。

「新聞に、第二大渡川《おおわたり》橋梁は設計ミスではないかと書いてあったなあ」

と佐藤さんがからかうように柳田さんに言う。

第二大渡川橋梁というのは、在来線の釜石駅と盛線との接続個所《かしょ》に架けられた鉄橋で、岩手県の新聞には、ほとんど毎日のように三陸縦貫線関係の記事が何かしら出るらしい。

「冗談言うない。橋梁の設計をまちがえるなんて、そんなバカなこと、誰《だれ》がやるもんかい」

と柳田さんが丸顔を赤くして抗弁する。

その第二大渡川橋梁に行ってみると、なるほど、釜石駅構内に敷かれた在来線より五〇センチばかり高い位置に架かっている。このままでは線路につながらない。しかし、もちろん設計ミスではない。この個所で在来線は国道四五号線をまたいでいるのだが、橋桁《はしげた》の位置が低くて大型トラックが通れず、ネックになっている。それを盛線との接続を機にカサ上げしようというのである。そうなればピタリと線路の位置が合うのだと柳田さんが私に説明する。

釜石湾に流れ出る甲子《かっし》川《がわ》の河口を渡ると、あとはトンネルばかりになる。釜石から吉浜までの未開通区間のうち、七五パーセントにあたる一一・四キロがトンネルなのである。だから、トンネルの入口を見ては国道で峠を越え、つぎのリアス式入江の集落に入るとトンネルの出口と駅と、つぎのトンネルの入口があるという型を三回くりかえす。

三つ目が吉浜で、ここが現在の盛線の終着駅である。

浜－釜石間と田老－普代間は
開通　　全列車運転見込不明

515D	517D	335D	4213D	列車番号
		一ノ関 1628	仙台 1725	始発
…	…	‖	レ	まえやち
…	…	‖	レ	やないづ
－－	－－	‖	1848	しづがわ
…	…	‖	レ	もとよし
…	…	1822	1927	けせんぬま
…	1710	1826	1929	
…	1748	1905	1935	りくぜんたかた
…	1801	1916	レ	おとも
…	1834	1935	2001	おおふなと
…	1838	1939	2005	さかり
1720	1846	1940	2010	
1725	1851	1945	レ	りくぜんあかさき
1734	1900	1954	レ	りょうり
1741	1907	2001	レ	ほれい
1749	1911	2008	2026	さんりく
1756	1918	2017	レ	よしはま
1804	1926	2025	レ	とうに
1810	1932	2031	レ	へいた
1815	1937	2036	2045	かまいし
…	…	…	2046	
…	…	…	レ	おおつち
…	…	…	2119	りくちゅうやまだ
709D	…	…	2150	みやこ
2005	…	…	急行	
2013	…	…	〈さんりく3号〉	いちのわたり
2017	…	…		さばね
2023	－－	－－		たろう
2032	…	…		せったい
2036	－－	－－		おもと
2042	…	…	…	しまのこし
2046	…	…	…	ひらいが
2057	－－	－－	－－	ふだい
2107	…	…	…	ほりない
2114	…	…	…	のだたまがわ
2120	…	…	…	りくちゅうのだ
2126	…	…	…	りくちゅううべ
2137	…	…	…	くじ
…	…	…	…	りくちゅうやぎ
…	…	…	…	たねいち
…	…	…	…	はしかみ
…	…	…	…	たねさし
…	…	…	…	さめ
…	…	…	…	ほんはちのへ
…	…	…	…	はちのへ
				終着

のみを示した。

宮脇俊三作
国鉄非監修

前谷地——八戸（三陸縦貫《さんりくじゅうかん》線・下り）

線名	営業キロ	駅名	着発	701D	4211D	703D	8011	501D	321D	621D	323D	507D	4211D	509D
		始発					上野 2120				一ノ関 520		仙台 925	
気仙沼線	0.0	前谷地	発	…	…	急行（うみねこ）	レ	…	…	…	‖	⊠	レ	急行（さんりく1号）
	17.5	柳津	〃	…	…		レ	…	…	…	‖		レ	
	33.5	志津川	〃	—	—		449	—	—	—	‖		1041	
	51.5	本吉	〃	…	…		レ	…	…	…	‖		レ	
	72.8	〔弁〕気仙沼	着	…	…		533	…	…	…	703		1121	
大船渡線		気仙沼	発	…	…	（運転日注意）	539	…	604	…	722	…	1123	—
	96.2	陸前高田	〃	…	…		604	…	649	…	806	…	1139	
	103.6	小友	〃	…	…		レ	…	702	…	818	…	レ	…
	113.9	大船渡	〃	…	…		623	…	723	…	836	…	1156	…
	116.5	〔弁〕盛	着	…	…		628	…	728	…	840	…	1200	…
盛線		盛	発	…	…		640	645	740	…	850	1010	1206	1230
	120.1	陸前赤崎	〃	…	…		レ	650	745	…	855	1015	レ	1235
	125.5	綾里	〃	…	…		◆	659	754	…	904	1024	レ	1244
	130.7	甫嶺	〃	…	…	【9月30日までと秋Ⓐ運転】	レ	706	801	…	911	1031	レ	1251
	133.4	三陸	〃	—	—		656	712	805	—	915	1038	1222	1255
	138.0	吉浜	〃	…	…		レ	719	812	…	922	1045	レ	1302
	144.2	唐丹	〃	…	…		レ	727	820	…	933	1053	レ	1312
	149.4	平田	〃	…	…		レ	733	826	…	939	1059	レ	1318
	153.2	〔弁〕釜石	着	…	急行（ほたて）		715	738	831	…	944	1104	1241	1323
山田線		釜石	発	…			721	…	…	840	950	…	1244	…
	165.5	大槌	〃	…			733	…	…	859	1011	…	レ	…
	182.1	陸中山田	〃	…		…	757	…	…	931	1043	…	1319	…
	208.6	〔弁〕宮古	着	…		…	832	…	…	1006	1120	705D	1350	643D
宮古線		宮古	発	617	740	800	…	…	…	1014	…	1344	1355	1540
	214.9	一の渡	〃	625	レ	808	…	…	…	1022	…	1352	レ	1548
	217.7	佐羽根	〃	629	レ	812	…	…	…	1026	…	1356	レ	1552
	221.4	田老	〃	635	752	818	—	—	—	1032	—	1402	1408	1558
久慈線	230.2	摂待	〃	644	レ	827	…	…	…	1041	…	1411	レ	1607
	233.8	小本	〃	648	803	831	—	—	—	1050	—	1428	1420	1611
	242.1	島越	〃	656	レ	839	…	…	…	1058	…	1436	レ	1619
	244.3	〔弁〕平井賀	〃	702	813	849	…	…	…	1102	…	1440	1430	1624
	253.6	普代	〃	713	レ	900	—	—	—	1114	—	1451	レ	1635
	260.1	堀内	〃	723	レ	910	…	…	…	1124	…	1501	レ	1645
	264.6	野田玉川	〃	730	レ	917	…	…	…	1131	…	1508	レ	1652
	268.5	陸中野田	〃	736	レ	924	…	…	…	1137	…	1514	レ	1658
	271.9	陸中宇部	〃	742	レ	930	…	…	…	1143	…	1520	レ	1704
	279.6	〔弁〕久慈	着	753	852	941	…	…	…	1154	…	1531	1504	1715
八戸線		久慈	発	…	855	…	…	…	…	…	…	…	1506	1736
	301.4	陸中八木	〃	…	923	…	…	…	…	…	…	…	1534	1817
	310.3	種市	〃	…	932	…	…	…	…	…	…	…	レ	1831
	317.0	階上	〃	…	940	…	…	…	…	…	…	…	レ	1842
	324.9	種差	〃	…	949	…	…	…	…	…	…	…	1559	1856
	332.7	鮫	〃	…	1000	…	…	…	…	…	…	…	1609	1912
	339.0	本八戸	〃	…	1009	…	…	…	…	…	…	…	1618	1927
	344.5	〔弁〕八戸	着	…	1017	…	…	…	…	…	…	…	1626	1935
		終着			青森 1141								青森 1755	

盛線、宮古線、久慈線については全駅、全列車を示し、他の線区については主要駅と

吉浜は無人駅で、片面ホームの中央に小さな待合室がある。この駅に入ってくる列車は一日五本で、つぎの発車は17時23分、三時間も間があるから、もちろん客はいない。が、椅子《いす》の上に赤いランドセルが一個ある。持ってみると教科書やノートが詰まっていて重い。ランドセルを忘れる小学生がいるとは思われない。どうしたのだろうか。

この吉浜には四年前の夕方に来たことがある。ランドセルを背負った小学生と道で出会うと、みんな「さようなら」と私に挨拶した。そんな平和そのものの小集落である。誘拐《ゆうかい》事件など起りそうもないし、泥棒《どろぼう》もいないだろう。が、気になるランドセルではある。

私たちは、車で盛に直行し、16時46分発の吉浜行に乗ってみた。一両のディーゼルカーは高校生で満員であった。この線も廃線指定を受けている。

高校生にまじって小学四年生ぐらいの女の子が一人いた。

「吉浜の駅にランドセル置きっぱなしにしてきたんじゃない?」

と柳田さんが訊《たず》ねた。女の子は、たちまち耳まで赤くして俯向《うつむ》いた。勘のいいことに図星だったのである。盛の病院に通っているのだという。いくら平和な吉浜とはいえ、ランドセルを半日も駅に放《ほ》っぽり出しておいて平気だとは羨《うらや》ましいほどの驚きだが、こんな子が東京に出てきたらどうなるのかと思う。

運転席のうしろに立って前方を眺める。大都市の国電や幹線とちがって、ローカル線は黒い幕が下ろされない。トンネルを抜けると入江と集落と駅があり、何人かの高校生が下車していく。

私と並んで前を眺《なが》めていた高校生に、

「盛線がなくなったら、どうするの？」

ときいてみた。

「下宿します」

高校生は、それを期待しているかのように快活に答えた。

開業――一九八四年四月一日

本書の最後に「『三陸鉄道』奮闘す」と題するルポを収めたので、それを参照していただきたい。しかし、三陸鉄道が好況だった時期の探訪記で、その後、沿線の過疎化などで、経営は厳しくなっているという。

編集部注
三陸鉄道は、二〇一一年の東日本大震災により、全線が甚大な被害を受けた。しかし五日後に久慈―陸中野田間の運行を再開。そのほかの区間も順次再開し、二〇一四年四月に全線再開の予定である（二〇一四年一月現在）。

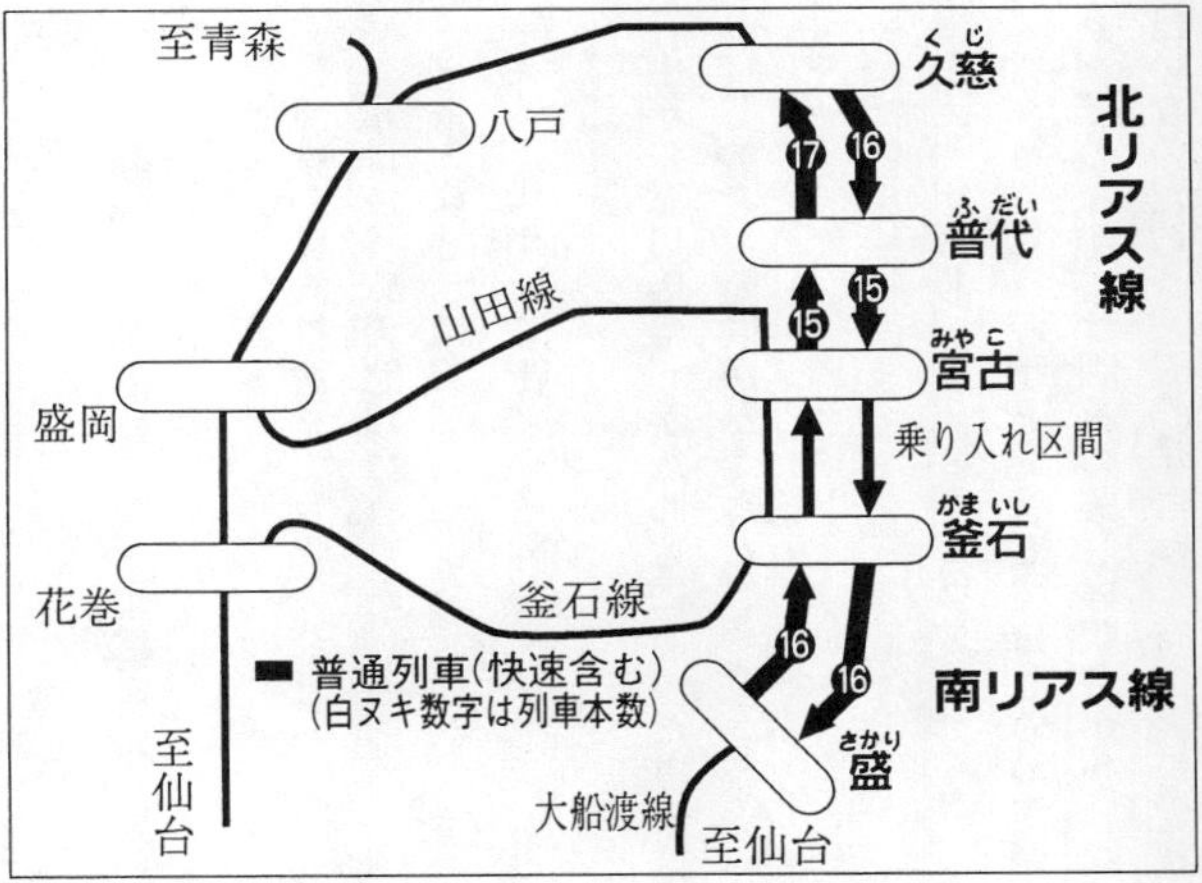
至青森
八戸
久慈《くじ》
普代《ふだい》
宮古《みやこ》
釜石《かまいし》
盛《さかり》
北リアス線
南リアス線
山田線
盛岡
花巻
釜石線
乗り入れ区間
17
16
15
15
16
16
■ 普通列車（快速含む）
（白ヌキ数字は列車本数）
大船渡線
至仙台
至仙台

断層のある村で——樽見線

「樽見《たるみ》線の美濃神海《みのこうみ》まで」

と私は渋谷《しぶや》駅の窓口で言った。

「タルミ線？」

「ええ、大垣《おおがき》から出ている線ですが」

「………」

中年の窓口氏は、かたわらにあった黒表紙の台帳のようなものを手にとると、ページをくりはじめた。時間がかかった。

「樽見線の、どこまで？」

「終点の美濃神海まで」

「ええと、ああ、ミノ・カミウミね」

神海は「こうみ」と発音してほしいのだが、まあいい。国鉄に約五一五〇もの客扱駅があり、そのなかには訓《よ》みの難しい駅名が多い。全駅名を正しく発音できる人は国鉄にも何人とはいないだろう。五〇年ちかく時刻表を愛読してきた私にしても全駅正読の自信はない。

しかし、線名となれば二四一である。少ない数ではないが、けっして多くはない。窓口係なら、そのくらいは全部知ってほしいと私は思うけれど、知らなくても、さして支障はないのだろう。教習所で試験を受けるときは覚えても、その線への切符を買う客に出会わなければ忘れてしまうにちがいない。

それにしても、これから張り切って出かけようとしているのに、窓口氏が樽見線を知らないとは、おもしろくない。沿線の人たちが聞いたら、国鉄はたるんでいる、タルミ国鉄だ、と怒るだろう。

樽見線は、東海道本線の大垣を起点として北へ向う二四・〇キロのローカル線で、はじめのうちは濃尾平野の北部の畑作地帯を行くが、やがて根尾川《ねおがわ》の谷に入って、山峡の終点、美濃神海に着く。根尾川は揖斐川《いびがわ》の大きな支流で、水源は福井県との境に聳《そび》える能郷白山《のうごはくさん》である。

この樽見線という線名の由来について説明しておきたい。由来、というほど大仰《おおぎょう》なことではないが、これによって樽見線の建設事情を知っていただけるからである。

国鉄の線路名称のつけ方を大別すると、つぎのようになる。

1　その線を代表する駅名を冠する。高山線、飯田《いいだ》線など。

2　起点の駅名を冠する。函館《はこだて》本線、加古川線など。

3　終点の駅名を冠する。根室本線、鹿児島本線など。

4　両端の駅名から一字ずつとって合成する。高徳《こうとく》本線（高松―徳島）、久大《きゅうだい》本線（久留米《くるめ》―大分）など。

5　両端の国名から一字ずつとって合成する。紀勢《きせい》本線（紀伊―伊勢）、播但《ばんたん》線（播磨《はりま》―但馬《たじま》）など。

6　街道名、国名、藩名などを冠する。東海道本線、能登《のと》線、会津《あいづ》線など。

このほかにも、いろいろあり、中央本線のように無味乾燥なのもあれば、大阪環状線のように地域と形状をあらわしたのもある。参宮線は目的別とでも言えようか。

また、以上の六つに大別したものにも、さまざまな変形がある。たとえば、登山やスキーでおなじみの大糸《おおいと》線は松本―糸魚川《いといがわ》間であるが、国鉄が建設したのは信濃《しなの》大町―糸魚川間で、松本―信濃大町間は既設の私鉄を買収したという事情から無視され、「大糸線」となっている。これは4の変形であろう。

ところで、樽見線であるが、これは3の「終点の駅名を冠する」の「未然形」とも言うべきものである。つまり、この線の、あるべき終点は美濃神海ではなく、もっと先の樽見なのであり、それゆえに「樽見線」と命名されたのであった。

けれども、昭和三三年四月に美濃神海まで開通したものの、以後今日まで樽見線という線名は未然形のままで打ち過ぎ、いまだに樽見の人たちは鉄道の恵みに浴していない。

樽見は岐阜県本巣《もとす》郡根尾村の中心集落で、根尾川が東谷川と西谷川との二つに分かれる地点にある。美濃神海からは直線距離にすれば一〇キロしかないが、この間の根尾川は山峡を縫って蛇行《だこう》しているので、実際の道程は長い。国道一五七号線で一七キロほどになる。しかも、途中には山が迫って深い峡谷をなした箇所があり、道幅は狭く、車のすれちがいは困難である。この道をバスが走っているが、時間がかかりすぎるために、樽見から岐阜や大垣への通勤は不可能で、高校へ通うには下宿しなければならない。

樽見に鉄道を、という運動は大正九年にはじまったとされ、例によって長い「悲願」の歴史を持っている。その願いは戦後になって実現の緒につき、昭和三三年には美濃神海まで開通した。そして、四五年には、さらに樽見へ向けて着工され、五四年度末までに路盤はすべて完成し、残るは四本の短い鉄橋とレールの敷設《ふせつ》、駅舎や信号関係だけになった。投じられた工事費は約五八億円で、ほぼ八割がた完成したといってよいであろう。

けれども、昭和五五年度に入ると、国鉄再建法案とのからみで樽見線の工事は停止され、さらに、この法案の成立によって、既設の大垣―美濃神海間も廃線指定を受けることになった。

一一月九日（昭和五六年）、月曜日、新幹線で名古屋着9時25分。

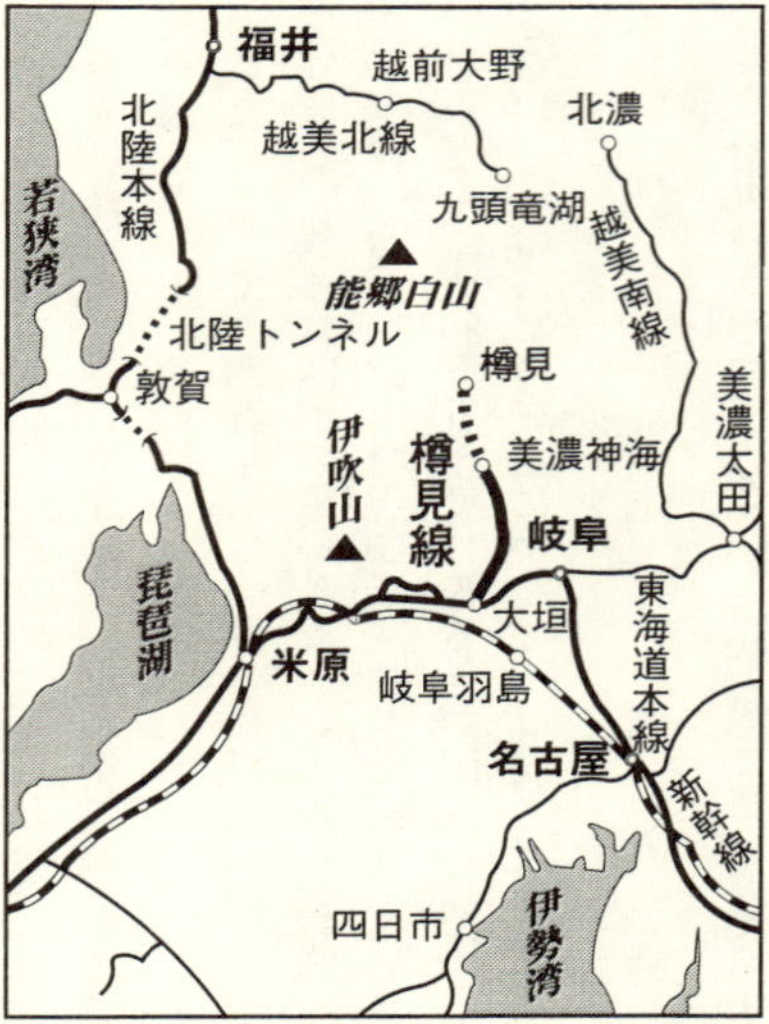

鉄道建設公団名古屋支社の玉木稔さんと村上弘之さんが迎えに来てくださっている。毎度お騒がせいたしますと挨拶《あいさつ》して、東海道本線に乗り継ぎ、大垣へ向う。

玉木さんは北陸トンネル、青函トンネルを経験してこられたトンネルの専門家、村上さんは橋を架けるほうのベテランで、お二人ともネクタイなどきちんと締めているのに、モノをつくる人ならではの体臭がただよっている。工事がストップして残念でしょうね、というような通り一遍のことを言う気にさせない、そんな人たちである。

木曾《きそ》川《がわ》、長良《ながら》川《がわ》、揖斐川を渡って、大垣着10時15分。ここで樽見線に乗りかえる。つぎの美濃神海行は10時24分で、これが廃線指定を受けた線区の車両かと思わせるような真新しいディーゼルカーが二両つながっていた。

乗客は少ない。この時間の下り列車は、どの線区でも客が少ないのだが、一両に数人ずつしか乗っていないとは少なすぎる。

そう思いながら車内を見回していると、

「輸送密度が二〇〇〇とか四〇〇〇とかなければダメとされてますけどね、樽見線のいま工事している区間なんか、村の人たちがみんな仕事を放《ほ》っぽり出して鉄道に乗ったって追っつきませんよ」

と玉木さんが言う。輸送密度とは、お客の人数とその乗車キロ数を掛け合わせ、その総和を線区のキロ数で割ったもので、「人キロ」の単位であらわされる。そして、国鉄再建法案にともなう政令では、一日当り二〇〇〇人キロ未満の線区を第一次廃止候補、四〇〇〇人キロ未満を第二次廃止としている。積雪期に道路が不便になる地域の線区、あるいは両端が他の線区につながっているものは存続させる等々、いくつかの例外条項はあるが、存廃の尺度は輸送密度である。樽見線の輸送密度は九六九で、数値が低いうえに除外例に該当する事項もなく、第一次廃止候補として指名されたのであった。

「赤字がどうの、輸送密度がどうの、ということではなくて、地域格差是正のためにこの線路をつくれ、という国の方針で私たち、やってきたのですが」

と、玉木さんが、つぶやくように言う。

救いの道がないわけではない。

赤字ローカル線の廃止は、あくまでも国鉄の赤字を減らすための方策である。だから、地方自治体や民間の誰《だれ》かが、私が引き取って運営しましょうと名乗り出れば、線路も車両も無償貸与、停止中の新線工事も再開されることになっている。これが「第三セクター」方式で、国でも国鉄でもない第三者による運営に委《ゆだ》ねることを意味する。

けれども、赤字鉄道を進んで引受けようとする奇特な民間会社はまずないだろうから、頼みになるのは地方自治体しかない。地方財政を圧迫するとの理由で自治省は否定的だが、地元民の要望が強ければ県や市町村も検討せざるをえない。現在は「廃止絶対反対」の垂れ幕を市役所にかけたり、運輸大臣へ陳情書を提出したりしている段階であるが、第三セクター方式の検討を内々ですすめている気配もある。しかし、利用者があまりに少なく、赤字額が大きければ実現の可能性はうすい。

「樽見線の第三セクター化は、どうなっていますか」

と私は玉木さんに訊《たず》ねてみた。

「第三セクターということになれば県が中心になって面倒を見なければならないわけですが、あいにく岐阜県には廃止候補に挙げられた線が四本もあるのです。樽見線のほかに越美《えつみ》南《なん》線、明知《あけち》線、神岡《かみおか》線……」

そうだったかと思う。どうも東京育ちの人間は県別の知識に弱いところがある。七六線区に上る廃止候補路線名は全部知っているが、その地域的分類となると、北海道と北九州に多いと承知しているぐらいで、岐阜県に四本もある、というふうに考えてみたことはなかった。

「県としては樽見線だけ特別扱いするわけにはいかないでしょうし、四本まとめて面倒を見るとなれば、厖大《ぼうだい》な赤字を負担することになりますしね。国鉄の計算によると四本合せての赤字が三〇億以上でしたか」

国鉄の手を離れれば、これほどの赤字を出さずに運営できるだろうけれど、残された救済方策である第三セクターの道も嶮《けわ》しいのである。

大垣を発車すると、しばらく東海道本線に並行して走り、揖斐川を渡ると樽見線は進路を北に向ける。右窓には斎藤道三《さいとうどうさん》の金華山が濃尾平野を睥睨《へいげい》して突兀《とっこつ》と聳え、左窓には関ヶ原から伊吹山《いぶきやま》へかけての山なみ、その手前には石灰石の産地として知られる金生山《きんしょうざん》が削り取られた無残《むざん》な姿を見せている。この地方の山々は石灰石の宝庫で、この先の美濃本巣《みのもとす》には住友セメントの大工場があり、年間七〇万トン台のセメントを貨車で搬出しているという。

沿線には柿畑《かきばたけ》が多い。名産の富有柿《ふゆがき》である。ちょうど収穫期で、姉さん被《かぶ》りのおばさんたちが籠《かご》を抱えている。

私たちは、10時51分着の美濃本巣で途中下車した。本巣町の高田肇町長に会うためである。樽見線の延長工事区間は、本巣町とその北の根尾村とにまたがっているが、古くから鉄道誘致に熱心だったのは本巣町の高田さんであり、運動の中心的存在なのだという。

本巣町は人口六〇〇〇ほどの小さくない町であるが、広い町域に人家が散っているらしく、中心部の集落はごく小規模で、ちょっと歩くと、たちまち畑に出た。そこに鉄筋二階建の町役場があった。

高田さんは、昭和二二年の第一回公選で村長になっていらい、町に昇格した今日まで、実に九期にわたって村長町長を務めてきた人で、任期数では全国で二番目だそうだ。

「樽見線を最後の仕事と思っておったけど、ここへきて妙なことになりましてなあ」

と、高田町長は大きく息を吐き出すように言ってから、農村の長らしい陽焼《ひや》けした顔面を両手でこすった。あと一息というところまで漕《こ》ぎつけながら暗礁《あんしょう》に乗りあげた苦衷がにじみ出るような仕草であった。

「地方の赤字線を廃止すれば国鉄の赤字がぐんと減るというのなら我慢もしましょうよ。ところが大して赤字が減りゃせんのです。五パーセント減るぐらいだったかなあ」

と、高田さんは同席した町村長会事務局長の浅野三一さんに訊ねる。

「第一次廃止の四〇線で約一・五パーセント、第二次の三六線も含めると六・二パーセント、たったそれだけしか赤字は減少しません」

と浅野さんが答える。

「そうでしょうが。そうだとすると、町民や村民にとっては鉄道ははずされるわ、国鉄の赤字補塡《ほてん》のための税金はいっこうに減らんわ、そういうことになりますがな」

これも鉄道廃止とは無縁のところにいる大都市の人間の見落としやすい点である。

さらに高田さんは言う。

「鉄道がなくなれば、このあたりの道路はどういう状態になりますか。住友セメントは現在一日二〇〇〇トンを貨車で運んどるが、これがトラックになる。開発を予定しとる石灰石の山からもトラックが下ってくるようになるじゃろう。それからですな、樽見の奥に中部電力

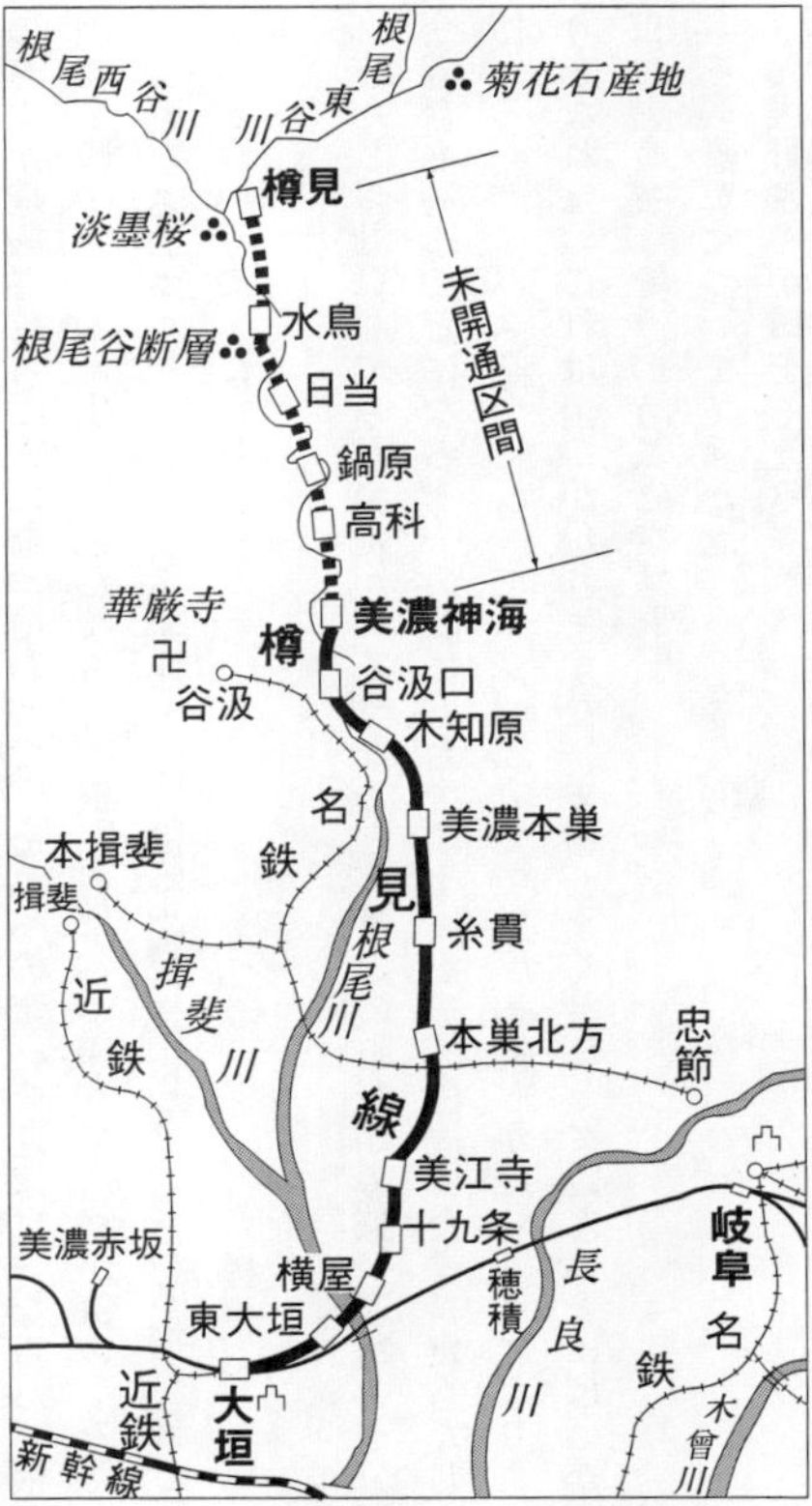

のダムが建設されることになっておって、それへの資材を運ばにゃならん。根尾村は森林資源の宝庫やから木も伐《き》り出さんならん。根尾谷は谷が深《ふこ》うて道路が狭い。みんな鉄道が樽見まで延びるのを当てにしとるのです。それが工事は中止、いまある樽見線も廃止となったら、どういうことになりますか」

「…………」

「わたしら計算してみたのだが、そうなると、そこの町なかの狭い道路を一分間にトラックが五台も通ることになる。一分間に五台ですよ。沿道の住民はたまったもんじゃない。道を拡《ひろ》げろ、バイパスをつくれってムシロ旗立てて県庁へ押しかけるようになりますよ。道づくりとなれば、これは金がかかりますな。まあ、よく計算してみんことにはいかんが、大ざっぱに言うて、そういうことですわ」

「その計算についてですが」

と浅野さんが口をそえる。

「どうも国鉄が発表する赤字の額がですね、これが納得がいかないのです。樽見線の赤字が昭和五四年度は八億一〇〇〇万、五五年度が八億六〇〇〇万となっていますが、どうしてそんな厖大な赤字になるんですか。これは毎日毎日二三〇万円ずつ赤字を生んでいるということです。たった二四キロの短い鉄道で、運転本数も一日一〇往復かそこらでしょう。それでいて毎日二三〇万円の赤字だと言われたって、われわれ地元民の実感からすれば、なぜそんな数字になるのか、納得できませんよ」

じっさい、億単位の金額など提示されると私たち一市民の金銭感覚からは遠くかけ離れて、ついそんなものかと思ってしまうけれど、一日二三〇万円と言われればわかってくる。新しい車両を購入したり、線路の改修をしたりすれば、まとまった金が出て行くだろうが、それにしても一日当りにして二三〇万円、年間八億六〇〇〇万円の赤字とは、あまりに多すぎると思われる。

「国鉄は余計な人間をたくさんかかえておるから、それらの人件費やら何やらが経費として樽見線にも割り振られとるのだろう」

と高田町長が言う。

「そうらしいのです。とすると、かりに樽見線を廃止したとしても、その部分の経費は赤字として残るわけでしょう。それが八億六〇〇〇万のうちの何パーセントを占めるのか、それを知らせてくれなくては話になりません」

「問題はまずそこからだな。赤字の中身がわからんことには第三セクターいうても、できるかどうかの判断がつかん。協議会を開きたいと国鉄はしきりに言うてきとるから、まず質問状をつきつけて、そこのところをハッキリとしてもらう。話はそれからだな。またひと仕事や」

と言って高田町長は、また黒い顔を両手でこすった。

ちょうど昼時で、心ならずも昼食を頂戴《ちょうだい》することになった。出前のカツライスである。高田町長は、田舎なので何もありませんが、と言ってから自分だけ席を事務机に移し、持参の弁当を開いた。樽見線問題を背負い、ひとり手弁当を食べる老町長のシルエットは一つの絵であったが、食欲は旺盛《おうせい》と見受けられた。

本巣町からは車で国道一五七号線を樽見へ向う。

五分と走らないうちに濃尾平野が尽き、根尾川の谷に入る。樽見線の線路が右に寄り添い、渓流《けいりゅう》を挟《はさ》んで対岸の斜面に名鉄谷汲《たにぐみ》線の線路が見える。この線は「谷汲さん」で知られる西国三十三番の満願札所華厳寺《けごんじ》へと通じている。

谷がやや開け、低い河成段丘の上に出ると、小さな集落が現われ、そこに樽見線の現在の終点美濃神海駅があった。駅員のいない駅で、駅舎と砂利のホームが森閑と晩秋の陽《ひ》を浴びている。北海道や東北地方にくらべると鮮やかさは劣るが、両岸の山々は紅葉の盛りであった。

人けのないホームの北端に立つと、路盤が先へと延びている。だが、すでに完成してから一〇年を経て、新線というよりは廃線跡の面影《おもかげ》を呈し、雑草に被《おお》われながら林のなかへと消えている。

その美濃神海駅のかたわらに鉄道公団の建設所がある。しかし、工事中止とともに閉鎖され、無人となっている。机も片づけられて、ガランとしたプレハブづくりの所内に、なぜか手拭《てぬぐい》が二枚、干したままになっているのが、かえってわびしい。

するともなく建設所を立ち去りかけると、駅前の雑貨店から娘さんが一人飛び出してきた。そして、懐《なつか》しそうに早口で話しかけながら玉木さんと村上さんにまつわりついた。きれいな娘さんである。小犬のようにじゃれつかれて、お二人とも照れている。閉鎖されるまで建設所で働いていたのだそうである。

美濃神海を過ぎると、根尾川は右へ大きく蛇行《だこう》する。国道もそれに従って右へ迂回《うかい》する。樽見線は直進して根尾川を渡る。それから先も根尾川は蛇行をくりかえし、国道も川のまに右へ左へとカーブして直線なら一〇キロの美濃神海—樽見間を一七キロも要する結果になるのだが、鉄道のほうは八つの鉄橋と七つのトンネルで突き進み、一一・一キロで樽見に達している。

けれども、国道は、もっぱら根尾川の東岸を行くから本巣町の町域内から出ない。これに対し、樽見線はしばしば橋を渡るので対岸の谷汲村に足を踏み入れることになる。谷汲村からは、ワシの村を通って駅をつくらん法はない、といった要求が出る。

「つくるとすれば高科《たかしな》という駅になるでしょう。駅間距離が短かすぎますが」

と玉木さん。工事が中止され、開通の見込みが立たなくなっても、駅の設置要求は出されるのである。

直進して根尾川を渡る樽見線を見送った車は川沿いに右へ迂回し、五分ほど走ると、国道から左折して杉林《すぎばやし》のなかの細い道に入った。ここが駅の予定地で、駅名は鍋原、「なべら」と訓《よ》む。美濃神海から二・八キロの地点にあり、杉林を伐り開いた路盤が、そこだけ少し広くなっている。

「国会の運輸委員の先生がたが視察にみえましてね、私も随行したのですが、こんな人家のないところに駅をつくってどうするつもりか、と質問なさるのですよ」

と玉木さんが言う。

「見えないところに人家があるのです、とお答えしておきましたが」

その鍋原駅予定地から四〇〇メートルほど美濃神海寄りへ戻《もど》ったところに「第四根尾川橋梁」が架けられている。鉄骨を梯形《はしご》に組み上げた真新しいトラス橋で、長さが九九メートルある。その上を歩いてみた。

このあたりの根尾川は両岸が迫って、根尾渓谷と呼ばれる景勝地になっている。橋上からの眺《なが》めはよかったが、水面からの高さが二四メートルあり、足もとは、格子《こうし》状の隙間《すきま》のある歩行板なので、下がよく見える。隙間があるのは雪を積もらせないためだという。

鉄橋を渡り終ると、

「振り返って、よく見てみてください。路盤のこちら側が少しカーブしてますでしょう」

と村上さんが指さす。

一般に鉄橋は直線で架けられる。したがって橋上の線路もまっすぐである。ところが、この鉄橋の場合は、トンネルを抜けてカーブしてきた路盤が直線になりきらないうちに橋上にさしかかっている。そのため、鉄橋自体はまっすぐなのだが、コンクリートの路盤はわずかに曲り、カント、つまり遠心力を減殺《げんさい》するための傾斜もつけられている。腰をかがめて眺めなければわからない程度なのだが、たしかに、そうなっている。

「ずいぶん芸が細かいんですね」

と私が感心すると、村上さんは満足気に笑い、

「このつぎの橋梁は、橋自体が曲っています。そこへ行きましょう」

と言った。

国道の対岸につけられた車一台通れるだけの細い道を行くと、「第五根尾川橋梁」があった。半径四〇〇メートルのカーブ橋である。

鉄橋を架ける場合、一ブロックずつ組み立てた構造体をまっすぐ押し出しては固定し、それを足場にしてつぎのブロックを押し出していくのであるが、カーブ橋を組むときは、押し出しながら横に振らねばならない。そこが技術的に非常にむずかしいのだそうである。

「谷が狭いので直線にできなかったのですか」

「ええ、直線で架けますと、前後のカーブがきつくなって、線形がわるくなるものですから」

この「線形」は、お二人がよく口にする用語である。あくまでも技術上の用語であろうが、美の基準でもあるように私には思われた。

樽見《たるみ》線・下り） 美濃神海—樽見間運休中 開通見込不明

7D	939D	941D	943D	945D	947D		列車番号
							季節・臨時列車
							前の掲載ページ
							始発
46	1602	1726	1829	2005	2213	…	おおがき
51	1607	1731	1834	2010	2218	…	ひがしおおがき
54	1610	1734	1837	2013	2221	…	よこや
57	1613	1737	1840	2016	2224	…	じゅうくじょう
00	1616	1740	1843	2019	2227	…	みえじ
05	1621	1745	1848	2024	2232	…	もとすきたがた
09	1625	1749	1852	2028	2236	…	いとぬき
13	1631	1756	1858	2031	2240	— —	みのもとす
18	1636	1801	1903		2246	…	こちぼら
21	1639	1804	1906	…	2249	…	たにぐみぐち
26	1644	1809	1911	…	2254	…	みのこうみ
30	1648	1813	1915	…	2258	…	たかしな
33	1651	1816	1918	…	2301	…	なべら
37	1655	1820	1922	…	2305	…	ひなた
42	1700	1825	1927	…	2309	…	みどり
45	1703	1828	1930	…	2312	…	たるみ

宮脇俊三作
国鉄非監修

大　垣――美濃神海――樽　見

営業キロ		923D	925D	927D	9041D		929D		931D	6933D	69
	列車番号	923D	925D	927D	9041D		929D		931D	6933D	69
	季節・臨時				◆						
	前の掲載ページ				84	快速 根尾谷					
	始　発				名古屋 717						
0.0	弁 大　垣発	…	644	752	812	休日運転	812	休日運休	1024	1235	13
2.8	東大垣〃	…	648	756	レ		817		1029	1240	13
4.7	横屋〃	…	652	休日運休	レ		820		1032	1243	
5.7	十九条〃	…	654		レ		823		1035	1246	
7.6	美江寺〃	…	658		レ		826		1038	1249	
10.9	本巣北方〃	…	702		824		831		1043	1254	
13.6	糸貫〃	…	707		レ		836	…	1047	1258	
16.3	**美濃本巣**〃	605	712		831	– –	842	– –	1051	1302	
20.4	木知原〃	610	718	…	レ	…	847	…	1057	1307	
21.7	谷汲口〃	613	721	…	レ	…	850	…	1100	1310	
24.0	美濃神海〃	618	725	…	レ	…	855	…	1105	1315	
26.8	高科〃	622	729	…	レ	…	859	…	1109	1319	
27.7	鍋原〃	625	732	…	レ	…	902	…	1112	1322	
29.6	日当〃	629	736	…	レ	…	906	…	1116	1326	
32.9	水鳥〃	634	741	…	848	…	911	…	1121	1331	
35.1	**樽　見**着	637	744	…	851	…	914	…	1124	1334	

高い崖《がけ》の上の、ガード・レールもない細い道路を進むと、対岸に狭い河成段丘と日当《ひなた》という小集落が見え、トンネルを抜けてきた樽見線も対岸に渡る。段丘の上には日当駅が設けられることになっている。

日当を過ぎると根尾村に入る。谷の厳しさはやわらぎ、河原と耕地が見えてきた。

根尾村を有名にしているものに「根尾谷断層」がある。明治二四年一〇月二八日午前六時三七分、マグニチュード八・四という日本における観測史上最強の地震が濃尾地方を襲い、根尾村の水鳥《みどり》地区に落差四メートル、長さ四〇〇メートルの断層を残した。地質学や地震の研究上、世界にも類のない資料ということで天然記念物に指定されているのであるが、あいにく樽見線の予定ルートは、その断層の中央部を突き抜けることになっていた。文化庁から待ったがかかり、工事を一年間中止したうえで、ルートが変更された。早く鉄道を敷けという地元民と学者、文化人による保存運動との間で、本巣の高田町長も苦労したらしく、「学者っちゅうのは一つのことしか考えないのですな。それでよいのかもしれんが」と言っていた。

その断層地点に立ってみると、路盤がS字形にくねっている。見るからに「線形」がわるい。玉木さんも村上さんも、粗悪な品物でも眺めるような顔つきで立っている。

しかし、私は、せっせと路盤の上を歩いた。まもなく終点の樽見である。歩けるところは歩いておきたかった。

紅葉の山々が、いつ開通するとも知れない路線を温かく包んでいるように思えた。前へ前へと歩いて行けば、あたりの風景も変ってくる。前方には雪に被われた能郷白山も見え、樽見線の列車に乗っているような気分が、かすかに湧《わ》いてきた。

三方を山に囲まれた終点樽見の駅予定地には、すでに駅前広場が完成し、小粋《こいき》な寿司屋《すしや》や斬新《ざんしん》なデザインの喫茶店が店を開いていた。

その夜の宿は「旅人宿」の木札をかけた住吉屋《すみよしや》という旅館であった。

靴《くつ》を脱ごうとすると、私のズボンに、びっしりと雑草の種子が付着している。路盤を歩いたときに、くっついたのだろう。これが、しつこいやつで、爪《つめ》で引っ掻《か》いても取れない。ダニを取るように一粒ずつ摘《つ》まみとらねばならない。前かがみになって一所懸命やっていると、女主人が現われ、

「まあ、たくさん『とびつき』にくっつかれて、お客さん、いったいどこを歩かれたのですか」

と笑いながら「とびつき」取りを手伝ってくれた。

その女主人、小野島千代子さんに、樽見線の工事が中止になってガッカリしているのではないか、と訊《たず》ねてみた。

「ええ、樽見線って、昔からそうなんですよ。戦争中にも工事が中止になりましたし、戦後も、つくりかけてはやめ、つくりかけてはやめして、それでいて、だんだんこっちへ延びてくるんです。そういう線なんですのよ、樽見線ってのは。おかしな鉄道」

そう言って、女主人は、また笑った。

開業——一九八九年三月二五日

廃線指定を受けた国鉄樽見線を引継ぐとともに樽見への路線延長を目指して第三セクター方式による樽見鉄道（株）が設立されたのは一九八四年二月で、出資の比率は、西濃鉄道（貨物専用会社）五一％、住友大阪セメント二四％、岐阜県一二％、大垣市七％、本巣町など沿線町村六％。

他の第三セクターにくらべると自治体の比率の低いのが特徴である。樽見鉄道の周辺には石灰岩の採掘場が多い。セメント輸送が主要な収入源で、住友大阪セメントの大工場が本巣駅の近くにある。

美濃神海—樽見間の延長工事も国費によって再開され、名実を備えた。「樽見鉄道」が一九八九年三月二五日、ようやく開業の日を迎えたのであった。駅名は美濃神海が神海に変更されたほかは工事中の仮称がそのまま踏襲された。

＊

開業してまもない頃、私は樽見まで乗ったが、テレビの谷汲山《たにぐみ》華厳《けごん》寺の取材のついでで、同行者もいて印象が散漫だった。やはり新線は一人で、しんみりと乗らねばいけないようだ。それで、この追記を書くのを機会に、あらためて乗りに出かけた。早いもので開業から一〇年経《た》っている。

大垣発12時48分の樽見行に乗る。ワンマンのディーゼルカーで、客は一〇人くらい。沿線の風景は一〇年前とほとんど変らない。やはり名産の富有柿の畑が多い。

本社と車庫のある本巣《もとす》を過ぎると、山が迫って、かつての終着駅、神海に着く。上りのレールバスと行きちがいのため四分停車するので、ホームにおりる。駅舎も昔とおなじで、古びている。

若い運転士もおりてきて、「つい最近、この先で熊が線路を横切ったそうです」と話しかけてきた。冬眠の時期のはずだが、と首をかしげると、「暖冬なので目が覚めたのだろうというんですが」とのこと。

客は私を含めて五人に減り、神海を発車した。線路は根尾《ねお》川の谷にからみつくように敷設されていて、トンネルと鉄橋が連続する。渓谷の岩に清流がぶつかっている。爽やかな山峡路線だが、私が探訪した当時、すでに全部の鉄橋が完成しており、その上を歩いたので、目新しくはない。

神海から先は行きちがい設備のある駅が一つもない。短い片面ホームにログハウス風の待合所がある。

わずかな盆地がひらけ、13時51分、樽見に着いた。町はずれの斜面の一段高い位置に島式ホームがあり、チラつく雪にけぶる家並を見下ろしていた。

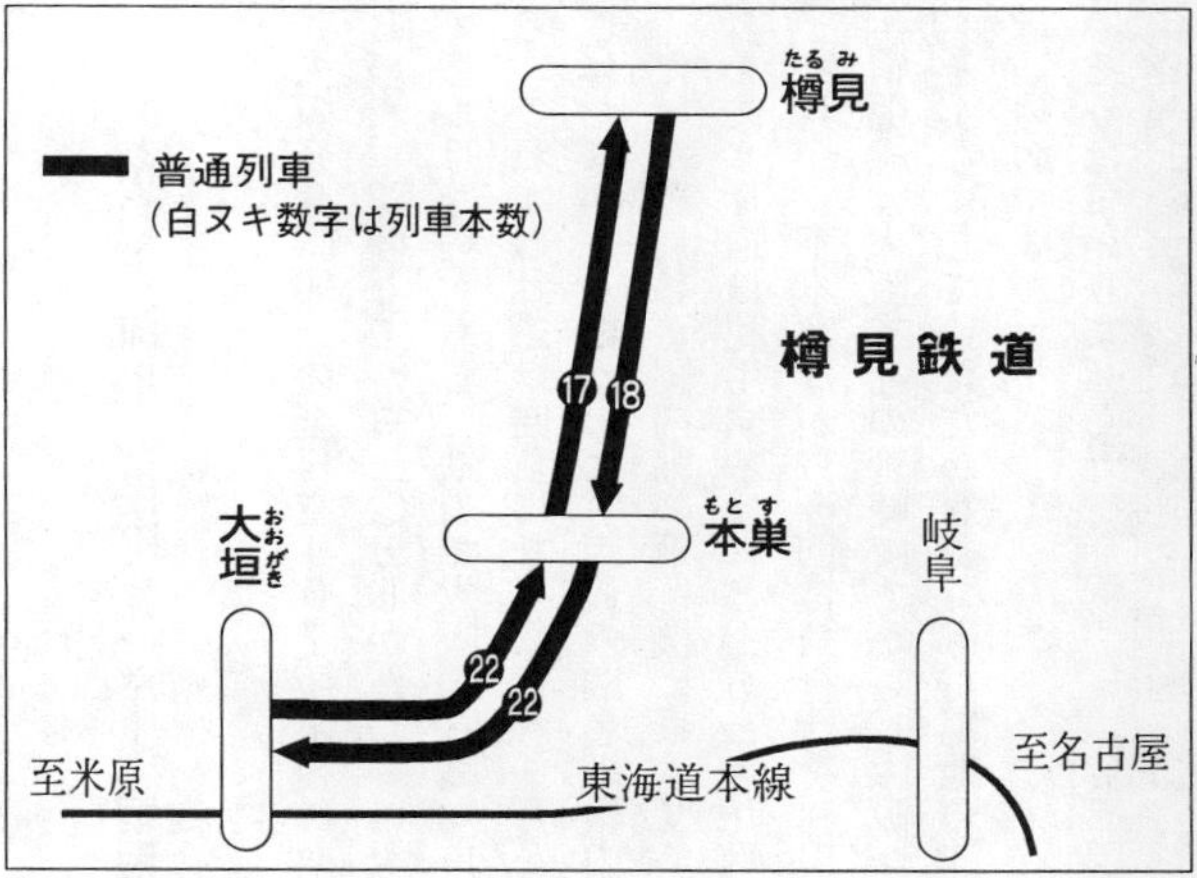
樽見《たるみ》
普通列車
(白ヌキ数字は列車本数)
樽見鉄道
17
18
大垣《おおがき》
本巣《もとす》
岐阜
22
22
至米原
東海道本線
至名古屋

落日と流刑の港町にて――宿毛《すくも》線

大阪発9時00分の全日空407便YS11型機は、快晴の四国山脈を越えると高度を下げはじめた。離陸してから三〇分しかたっていないが、まもなく高知空港である。

あっけない。もし、鉄道で大阪から高知市へ行くとすれば、すくなくとも五時間半はかかる。これでは鉄道は勝負にならない。一月一九日（昭和五七年）から航空運賃が大幅値上げされたばかりというのに、定員六四名の機内は満席であった。

だいたい、私が国内線の飛行機に乗っているのがおかしい。北海道へ行くときだけは、やむをえず片道は利用するけれど、あとは九州でもどこでも、ほとんど鉄道である。

それが、不本意ながら今回は飛行機を利用することになった。

「宿毛《すくも》線は大阪支社の管轄《かんかつ》ですから、大阪から係が同行します」

「そんなにしていただかなくても、現地の建設所のどなたかに、ちょっと案内してもらえればいいのですが」

「そうはまいりません」

「…………」

「ついては、前の晩は大阪に泊っていただき、翌日の朝からごいっしょに、という手筈《てはず》にしたいのですが、大阪から鉄道でまいりますと宿毛に着くころには日が暮れてしまいます」

「はい」

「高知まで飛行機を利用しますと、その日のうちに現場をある程度見ることができまして、翌日の日程が楽になるのですが」

「そうですか」

「飛行機はおきらいですか」

「好きじゃないですが、しかたがないときは乗ってます」

「では」

　というわけで、飛行機になったのである。鉄建公団が飛行機利用をすすめるはずはないだろうし、すこしでも私に楽をさせてやろうとの配慮にちがいないが、電話で意を尽くせないでいるうちに、そうなった。大阪からの同行は総務部の内田光年さん、若くて背の高い人であった。

　前方に土佐湾が広がると、ストーンと一発、相当なエア・ポケットがあって、スチュワーデスが床に片膝《かたひざ》をつき、私は掌《てのひら》に脂汗《あぶらあせ》をかいて、YS11は晴れ上った高知空港に着陸した。二月一日というのに、さすが南国土佐は暖かい。わずか一時間たらずで冬から春であ

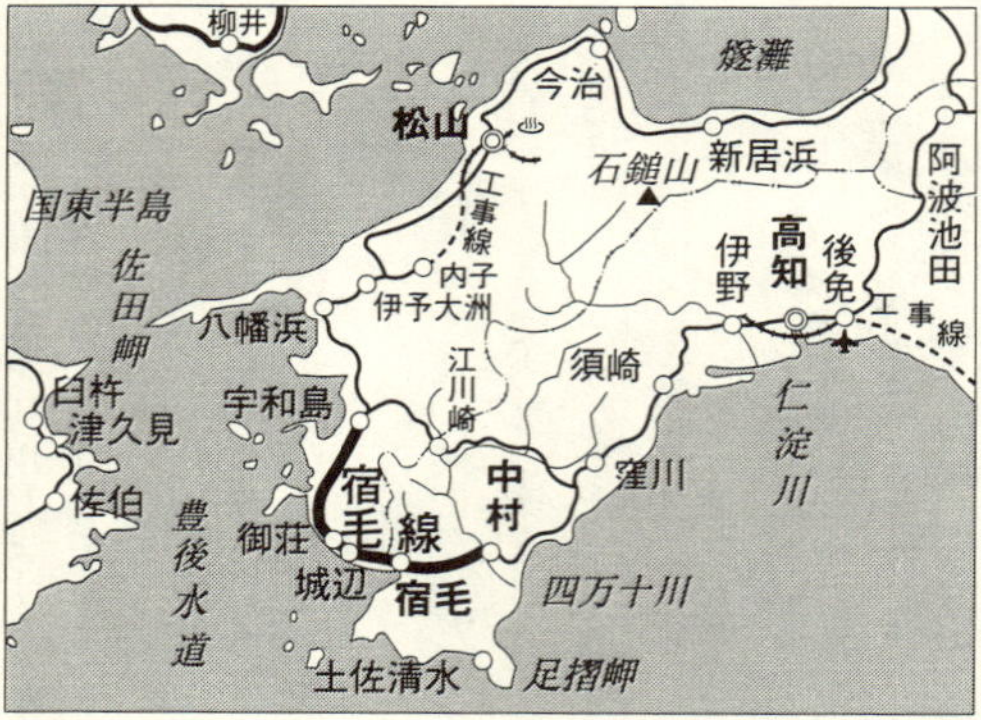

る。乗るたびに途中で降りたくなるけれど、着いてしまえばケシカラヌほど便利な乗りものだと思う。が、便利すぎて時間があり余っている。

これからの私たちの予定は、高知発13時24分の土《ど》讃《さん》本線の急行「あしずり5号」で中村着15時49分、中村へは宿毛から建設所長が迎えに来てくださるのだが、まだ一〇時だから、高知市内までバスで三〇分としても三時間ちかく余裕がある。

もし迎えてくれる人も用もない、あてのない一人旅であれば、ここからタクシーで後免《ごめん》駅までとばす。後免は高知の一〇キロほど手前の駅で空港から近い。タクシーなら一〇分はかからない。すると、後免発10時18分の特急「南風1号」に間に合って、中村には12時25分に着くことができる。

けれども、そんなに早く着いてみても、所長さんが迎えに来てくれるのは15時49分だから意味がない。特急に間に合って12時25分に中村に着けるのなら、はじめからそれで予定を組めばよさそうだが、それは、たまたま飛行機が正確に運航したからであって、もし一〇分遅れれば「南風1号」に間に合わない。

それにしても時間がありすぎる。

「だいぶ時間がありますね」

「はあ、十分余裕をみておきましたので」

と内田さんは悠然《ゆうぜん》としている。

「どうしましょうか」

「高知で食事でもして」

「それだけでは時間が余りますね」

「そうですね」

名案が浮かんだ。といっても、私にとっての名案であって、内田さんに当てはまるかどうかは、わからない。

時刻表には載っていないが、高知には土佐電気鉄道という私鉄がある。線区は三つあり、高知駅前から播磨屋橋《はりまやばし》を経て桟橋《さんばし》通五丁目に至る三・一キロの桟橋線、播磨屋橋から東へ延びて後免に達する一一・〇キロの後免線、おなじく播磨屋橋から西へ延びて伊野《いの》というところまで行く一一・二キロの伊野線から成っている。つまり、東西に長い路線と南北に短い路線が播磨屋橋で交差して、横長の十文字を形成しているのである。

三線区で二五・三キロもあるからローカル私鉄としては小さいほうではない。にもかかわらず時刻表に掲載されていないのは、「路面電車」だからであろう。なぜ路面電車だと無視されるのかはわからない。気の毒な気がする。

それで、この機会に土佐電鉄に乗ってみたいと思ったのである。内田さんも異存はなかった。

後免から一両のワンマン電車で三〇分、その間、三〇の駅に停車して播磨屋橋に着く。「坊さん簪《かんざし》」で名高い橋は交差点のすぐ北側にあり、朱塗りの欄干が眼《め》に入るが、近寄ってみるとコンクリートづくりで、堀《ほり》も埋め立てられて小さな公園になっていた。

まだ一一時一五分である。乗るべき急行「あしずり5号」の発車時刻まで二時間以上ある。

どうしましょう、と応答し合ってから栈橋通五丁目行の電車に乗る。終点までは二・四キロだからすぐで、岸壁で港を眺《なが》めてから引き返し、播磨屋橋に戻《もど》ったのが一一時四五分、まだ時間がある。

播磨屋橋は市の中心部の交差点にあり、頻繁《ひんぱん》に電車が行き交っている。どの電車も満艦飾の広告で、マンションの広告もあればスシ屋の広告もある。何の広告だか見落としたが、扉《とびら》が横に開くと女の子と男の子の脣《くちびる》が密着する仕掛けのものもあった。いずれも極彩色で、華やかというか、なりふりかまわぬというか、とにかく面白《おもしろ》いので、しばらく眺めていたが、一〇分もすれば飽きてしまって、依然として時間がある。

高知駅までは〇・七キロしかなく、一直線の広い通りで、駅の建物が見えている。いまから駅へ行っても早すぎるし、この区間は以前に乗ったことがある。

この際、伊野線にも乗って、土佐電鉄の全線を完乗してしまおうかと思う。この線は国鉄にほぼ並行しているので、終点の伊野から土讃本線に乗ってもよい。時刻表をしらべると、「あしずり5号」は伊野に停車しないが、その前に伊野発12時59分の鈍行列車がある。これに乗れば須崎《すさき》から急行に乗り継ぐことができる。まだ一二時ちょうどであり、伊野まで三〇分かかるとして、駅前で昼食をすますこともできそうである。そんな説明をして、私は内田さんを伊野線に引っぱりこんだ。

伊野線は一一・二キロある。最初に乗った後免線は一一・〇キロで約三〇分かかった。だから伊野まで三〇分ぐらいだろうと見当をつけたのだが、途中の鏡川橋から単線になった。当然、上り電車とすれちがうため、待ち時間が多くなる。鏡川橋で五分ばかり停車して対向電車が来るのを待ち、しばらく走ると、また何分か停《と》まった。

けっきょく、終点の伊野まで五〇分もかかった。しかも、停留所と国鉄の駅とは若干離れていた。時間があり余っていたはずなのに、最後は駆け足となり、昼食の暇はなかった。

高知平野が尽きて、佐川《さかわ》から登りにかかり、峠を一つ越えると左に青い湾が見えて、13時

54分、須崎に着いた。須崎は高知県下第一の港町である。二五分ほど時間があるので、駅前の食堂に入った。

ガラスのケースのなかに、一人前ずつ皿《さら》に盛りつけたスシや惣菜《そうざい》が並んでいる。土間には大鍋《おおなべ》が置かれ、おでんが煮えている。店のおばさんは、いらっしゃいと言ってお茶を持ってきて、あとは知らん顔をしている。客が好きなものを取ってきて勝手に食べるという仕組みである。西日本では、こうした方式の食堂を裏通りなどで見かけることがあるが、高知へ来ると表通りの店でもそうである。

ようやく昼食にありついて、須崎発14時19分の急行「あしずり5号」に乗った。終着の中村まで、なお一時間三〇分を要する。

けれども、須崎から中村まで一時間半で行けるとは、隔世の感ありと言ってよいだろう。高知県、とくにその西南部は地勢が複雑怪奇で、海岸線は屈曲し、山間部は山また山がからみ合って平地が少ない。したがって交通は不便で、隣の村に行こうとすれば、突き出た岬《みさき》を回り、峠を越えなければならない。この地方の水を集める四万十川《しまんとがわ》も大変で、海岸に近づいても海に出られず、反転して内陸に入り、立ちはだかる山々のまにまに蛇行《だこう》しながら大迂回《だいうかい》し、ようやく中村で海に達する、というような流れかたをしている。

そのような地形なので、須崎から先の鉄道は、なかなか敷かれなかった。道路事情もわるく、高知市から中村や宿毛へ行くには大阪へ行くよりも時間がかかると言われた。さかのぼれば、応仁《おうにん》の乱を避けた一条教房《いちじょうのりふさ》が移り住んだのは中村であり、土佐藩士野中兼山の一族が流されたのは宿毛である。都からはもとより、高知からでさえ島流し同然の僻地《へきち》なのであった。

この地方が鉄道の恩恵に浴するようになったのは戦後である。

須崎から三つ目の土佐久礼《とさくれ》までで中断していた土讃本線の工事は、戦後まもなく再開され、まず昭和二二年、影野《かげの》までが開通した。

土佐久礼―影野間は、わずか一駅であるが、この地方の地形の複雑さを象徴するような区間で、土佐久礼は海岸の漁港だが影野は四万十川上流の小盆地にある。標高差は二四五メートルもあり、線路は海に迫った山肌《やまはだ》を斜めに匍《は》うようにして登って行く。車窓から見下ろす土佐湾は土讃本線の白眉《はくび》だが、一六ものトンネルを穿《うが》つ難工事区間であった。

ついで昭和二六年、窪川《くぼかわ》まで延長された。窪川は中村や宇和島へ通じる交通の要衝で、四万十川沿いに下って行けば中村に出られるし、途中の江川崎《えかわさき》から宇和島までは、すでに鉄道が通じている。海岸沿いに立ちはだかっていた山の壁を突き破って高知市側と四万十川流域とが鉄道で結ばれたわけで、画期的なことであった。所要時間も一気に短縮された。

窪川まで開通して一段落したが、鉄道誘致運動は続けられた。けれども、窪川から先はルートが二つに分かれる。ひとつは江川崎・宇和島への直進であり、もうひとつは海岸沿いに中村へ向うルートであった。中村へは四万十川に沿って下る古くからの道筋があるのだが、これでは三角形の二辺を経由するほどの遠回りになるので、窪川から中村へまっすぐ結ぼうというのである。この二本の新線計画は、それぞれ役割を異にし、二者択一という性格のものではないのだが、どちらを優先するかで揉《も》み合ったらしい。

その結果、江川崎・宇和島への予土《よど》線と中村への中村線とが同時に着工されることになった。土讃本線の名称は窪川までとし、そこから先を予土線、中村線としたのは、どちらを本線にしても争いのもとになるからであろう。現在の運転形態からすると、中村までを土讃本線としたほうが実態にかなっているが。

昭和三二年、両線は同時に着工され、まず三八年、中村線の土佐佐賀までが開通した。この区間は二〇〇メートルの標高差があり、ループ線が設けられた。ついで四五年、待望の中村までが開通した。予土線も四九年に全通した。

こうして目出度《めでた》く中村まで鉄道が延びてきたのであるが、まだ残っている。

この地方は地の果てのように遠く、かつ不便なところではあるが、けっして人口が少ないわけではない。入江の奥にはかならず集落があり、半農半漁の生活を営んでいる。気候も温暖で、中央への交通が不便なことを除けば住みやすい地域なのである。宿毛、土佐清水のような市制を施《し》くほどの港町が二つもある。

このうち、足摺岬《あしずりみさき》に近い土佐清水への道は、山が海に迫って断崖《だんがい》がつづき、鉄道を敷くのは無理かに思われるが、宿毛のほうはそうでない。中村―宿毛間は約二四キロにすぎず、しかも、この間の地形は平坦《へいたん》なのである。両市間の交通量も多く、一日三〇往復ものバスが運転されている。中村まで鉄道が来たのなら、ついでにあとひと息、宿毛までというイモヅル式の発想でなく、この区間だけをとりあげても十分に鉄道敷設《ふせつ》の条件を備えていると言ってよいだろう。すくなくとも、国鉄の赤字問題が大きく取沙汰《とりざた》される以前の基準からすれば、そうであった。

当然、宿毛線の建設運動は現実味を帯び、昭和四七年、中村―宿毛間の路盤工事が認可された。そして翌四八年には起工式がおこなわれ、総工費七〇億円、完成予定は五一年度と発表されたのであった。

けれども、完工予定年度を過ぎること、すでに五年、その間、工事費は全国の新線建設に総花的に配分されて潤沢ならず、しかも、昭和五五年度からは国鉄再建法とのからみで工事費が凍結されてしまった。

この間におこなわれたのは、用地買収が約六〇パーセント、工事は約三〇パーセントであるが、用地については中村、宿毛両市内の面倒な区間の買収は終り、また工事についても、四万十川の橋脚は完成し、長大な聖《ひじり》ヶ丘《おか》トンネルの半分が掘り抜かれるなど、手間のかかる部分については相当に進んでいる。

私たちを乗せて須崎を発車した急行「あしずり5号」は、土佐久礼を過ぎると登りにかかる。つぎの影野までの一〇・七キロが昭和二二年に開通した区間である。断続するトンネルの間から見下ろす土佐湾は青く、広漠《こうばく》とした太平洋へとつづいている。車窓からの海の眺めとしては、全国に何ヵ所もないくらい雄大である。

一五分ほどディーゼル・エンジンを唸《うな》らせながら登りつめると、海と四万十川上流を分かつ山稜《さんりょう》をやや長いトンネルで抜ける。南国の明るい海から、うら淋《さび》しい山間《やまあい》の小盆地へと車窓は一変して、影野を通過する。

窪川で九分停車して、15時07分発。ここから線路名称が中村線に変る。四万十川を右に見ながら最初の小駅若井《わかい》を通過し、トンネルをひとつ抜けると川奥信号場《かわおくしんごうじょう》というのがあって、ここで予土線が分岐する。予土線は四万十川に沿って宇和島を目指すが、中村線はループ・トンネルで山の中をひと回りして、一気に海岸の土佐佐賀へと下る。土佐佐賀までは昭和三八年に開通した区間である。

中村に近づくと、あたりが広々と開け、僻地へ来たというよりは、大きな町の接近を思わせる。先入観かもしれないが、中村の貫禄《かんろく》かもしれない。

中村は「土佐の小京都」と言われる。応仁の乱後、この地に下った一条教房が京都を偲《しの》び、それを模《も》してつくった町だからである。

まず、地形が京都に似ている。東と北と西が山で、南が開け、東につらなる山を「東山」という。町をはさんで西側に四万十川の本流、東側には支流の後川《うしろがわ》が南北に流れているので、これを桂川《かつらがわ》と鴨川《かもがわ》に見立てる。碁盤目につくられた町中に入れば、東西の通りは一条、二条と名づけられ、繁華街は一条京町である。一条家の「御所《ごしょ》」があり、二条城を模した城もあれば祇園《ぎおん》もあり、旧盆には大文字焼もおこなわれる。

列車は、鴨川にあたる後川を渡って右にカーブした。白い近代ビルが建ち並んで、あまり小京都らしくない市街地が近づき、定刻15時49分、「あしずり5号」は中村に着いた。

鉄建公団宿毛建設所長の首藤《しゅとう》浩三さんが迎えにきてくださっている。陽焼《ひや》けした顔から土の香がただよう人であった。

中村駅前には「足摺岬行」のバスが停まっている。遠くまで来たと思う。

「時間がありませんので、さっそく」

と首藤さんに促され、車に乗る。

市内に入ると、宿毛線の高架橋がカーブしながら商店街をまたぎ、トンネルへ消えている。このトンネルを抜けると、すぐ四万十川を渡って宿毛を目指すのだという。

国道56号線で四万十川を渡り、堤防の上を少し南へ下ると、橋脚がずらりと河中に並んでいる。四九二メートルもの長い鉄橋なので壮観だが、すでに着工いらい八年を経ているので

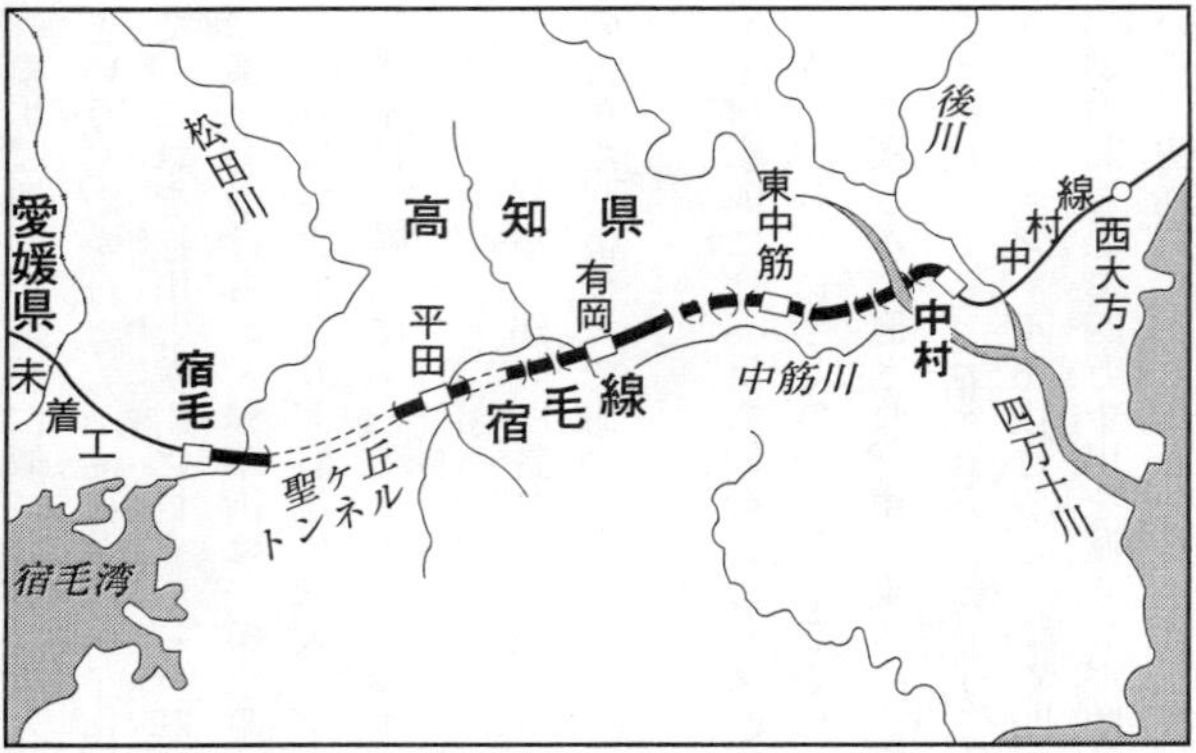

黒ずんでいる。

　この橋脚の列のすぐ南側には国道バイパスの橋がかかって、車がすいすいと渡っている。

「あの道路橋と同時に着工したのですが、あちらはすぐ出来上りましてねえ」

　と首藤さんが言う。

　四万十川の橋脚の列を背にすると、高架橋が一直線に西へ向っている。こちらは、まだ真新しい。

　高架橋を左に眺めながら国道を西へ向う。あたりは幅一キロほどの坦々とした水田地帯で、その中央を四万十川の支流の中筋川《なかすじがわ》が流れている。いかにも交通路にふさわしい地形である。けれども、この中筋川は性質《たち》のよくない川で、しばしば氾濫《はんらん》する。そのため堤防を高くしてあるのだが、いったん氾濫すると堤防が邪魔になって、いつまでも水が引かず、道路も冠水したまま長期間不通になるのだという。

「高架の鉄道ができれば交通の途絶することもなく

なるのですが」

と首藤さんが説明してくれる。

中村から六・一キロ地点に設けられる東中筋《ひがしなかすじ》駅の予定地を過ぎると、宿毛線は影も形もなくなる。ここから約一〇キロの区間は、用地買収や工事の面での問題が少ないので、あと回しになっているのである。

上下列車の交換駅となる有岡《ありおか》駅の予定地を過ぎる。ここで線路は中筋川を渡り、短いトンネルを四つ抜けて、つぎの駅平田《ひらた》に達するのだが、未着工区間であるし、国道も中筋川の対岸を行くので、とくに見るものがない。

しかし、まもなく左手にトンネルの入口が見えてくる。全長五一二〇メートルの聖ヶ丘トンネルである。これを抜ければ宿毛であるが、一見、なぜこんな長いトンネルを掘る必要があるのかと思わせる地形である。両側の丘陵が迫り、国道はゆるい登り坂になっているが、さして急勾配《きゆうこうばい》ではない。用地も十分ある。首藤さんに疑問をぶつけると、国道沿いは地盤がわるく、土砂崩れの危険があるのだそうである。見ただけではわからないものだ。

国道から折れて、聖ヶ丘トンネルの東口に行ってみる。坑口は全面に頑丈《がんじよう》な網が張られて、中には入れなかったが、反対側はトンネルから掘り出したズリ（岩や土砂）を利用しての盛土の路盤が長くつづいている。その上をちょっと歩いてみる。列車に乗ってトンネルから出てきたような気分がする。が、あいにく雨が降りだした。

中村へ着くまでの、どうでもいいときは快晴、宿毛線の見聞をはじめる頃《ころ》から曇って、うすら寒くなり、車から降りて路盤の上に立てば雨、意地のわるい天候である。

「近鉄が来ると、いつも雨になるんですよ」

線・宿毛《すくも》線・下り）　中村—宿毛間開通見込不明

D	749D	705D	755D	757D	707D	15D		列車番号
·	…	1215	…	…	1504	1815	…	たかまつ
·	…	1519	…	…	1829	2052	…	こうち
	1548	1645	┐	1735	2017	2207	┐	くぼかわ
行	1554	レ	急行	1741	2022	レ	特急	わかい
あ	1604	レ		1750	2032	レ		かいな
し	1610	レ	あしずり	1756	2037	レ	南風	いよき
ず	1621	1706		1801	2042	レ	5号	とささが
り	1627	レ	5号	1807	レ	レ	⊠	とさしらはま
	1632	レ		1812	2050	レ		ひがしおおがた
	1635	レ		1816	2053	レ		とさかみかわぐち
	1641	レ		1820	2057	レ		うきぶち
·	1646	レ	…	1824	2101	レ	自	とさいりの
·	1650	レ	…	1829	2105	レ		にしおおがた
·	1657	1727	…	1836	2112	2245	3両	なかむら
58	…	1729	1741	…	2115	2247		
06	…	レ	1749	…	2123	レ	…	ひがしなかすじ
16	…	レ	1754	…	2130	レ	…	ありおか
21	…	レ	1759	…	2135	レ	…	ひらた
29	…	1751	1807	…	2143	2309	…	すくも

菓・婉という女(600円)　└高松—窪川間急行

宮脇俊三作
国鉄非監修

窪川——中村——宿毛

線名	営業キロ（高松から）	列車番号	729D	731D	733D	701D		11D		741D
		高松発	…	049	…	…	…	715	…	…
		高知〃	…	440	556	**745**	…	**949**	…	…
中村線	231.5	窪川発	…	651	819	**920**	┐	**1104**	┐	1235
	235.8	若井〃	…	657	825	レ	急行	レ	特急	1241
	245.2	荷稲〃	…	706	834	レ	あしずり	レ	南風	1251
	249.4	伊与喜〃	…	712	840	レ	1号	レ	1号	1256
	252.2	土佐佐賀〃	…	717	847	**941**		レ		1304
	255.4	土佐白浜〃	…	722	レ	レ		レ		レ
	259.0	東大方〃	…	726	857	レ		レ		1313
	260.5	土佐上川口〃	…	729	900	レ		レ		1316
	263.0	浮鞭〃	…	736	904	レ		レ		1320
	265.6	土佐入野〃	…	741	907	レ	…	レ	自	1323
	268.5	西大方〃	…	745	911	レ	…	レ		1327
	274.9	[弁] 中村着	…	751	918	**1002**	…	**1142**	3両	1334
宿毛線		中村発	727	…	924	**1003**	…	**1143**		1348
	281.0	東中筋〃	735	…	932	レ	…	レ	…	1356
	286.8	有岡〃	742	…	939	レ	…	レ	…	1408
	290.7	平田〃	747	…	944	レ	…	レ	…	1413
	298.7	[弁] 宿毛着	755	…	952	**1025**	…	**1205**	…	1421

中村——鮎ずし(700円)　祇園饅頭(500円)　**宿毛**——たたき定食(70

と首藤さんが苦笑した。なんのことかと思ったら、プロ野球の近鉄チームが、きのうから宿毛にキャンプ・インしたのだそうである。それだけ宿毛は暖かい所なのだが、なぜか近鉄の一行が来ると翌日から雨が降る。去年も、その前の年もそうで、一昨年のごときは一週間も降りつづいたという。また今年も降るんじゃないかと噂《うわさ》していたところなんですよ、と首藤さんは天を見上げている。

その顔は真剣である。宿毛にとって、一ヵ月も滞在してくれるプロ野球チームは大切なお客様である。しかも多数のスポーツ記者もやって来る。ところが、来るたびに宿毛の天気がわるいので、来年からキャンプ地を他《ほか》に移そうという話が持ち上っているのだそうだ。

「宿毛線の工事はストップするし、近鉄からは愛想《あいそ》を尽かされるし、わるい話ばかりです」

笑えなくなったまま雨に濡《ぬ》れて、車に戻《もど》った。

聖ヶ丘トンネルの東口から国道五六号線を走ること一〇分、前方に宿毛の町が見えてきた。

宿毛は中央からの交通という点では不便きわまる町であるが、そこだけを見れば、ずいぶん恵まれた地形である。宿毛湾は深く入り組んで、連合艦隊の碇泊地《ていはくち》になったほどの天然の良港をなしており、いっぽう、この湾に流れこむ松田川は、一帯にかなりの沖積平野《ちゆうせき》を形成している。これならば市制を施《し》くほどの人が集まるのは当然であり、もし交通の便がよければ一〇万都市ぐらいには発展できそうな立地条件である。港湾と工場用地を自然が提供してくれているのだ。

午後五時、「歓迎・近鉄バファローズ」の垂れ幕のさがった宿毛市役所に企画広報課長の黒石富三さんを訪ねた。昭和二九年いらい宿毛市役所に勤め、この一〇年間は、主として開発計画を担当し、港湾や堤防の整備、宿毛線の用地買収などにあたってきた人である。

「私たちが鉄道を欲しがっているのは郷愁ではないのです。この恵まれた立地条件を生かして宿毛をエネルギー関係や工業関係の流通基地にしたい。そのために鉄道が必要なのです」

と黒石さんは言う。

「その計画は着々と進行してきたのです。港湾や道路の整備、堤防の改修、工場用地の造成、駅周辺の流通基地の区割りなど、いずれも計画どおりすませてきたのです。国の予算、県の予算、市の予算でやることは、そのように実現していく、それが当りまえです。宿毛線にしても、いちばん厄介《やっかい》な市街地の用地買収が終って、あとは寝ころんで待つだけというところまで漕《こ》ぎつけたのです。ところが、ピシャリと工事費凍結でしょう」

そう言って黒石さんは拳固《げんこ》で額《ひたい》をこすった。

「いったい何をしてきたのか、わからなくなりますよ。土地を手放してもらったり、家を立ち退《の》いたりしてもらった人たちに合わす顔もありません。役場に三〇年も勤めていて、こんなバカバカしい思いをしたことないです。このままでは、みんな政治不信になりますよ」

「わかります」

「いや、なかなかわかってはもらえますまい。鉄道が好きで、ここへお見えになったのでしょうが、好きとこの問題とはちがいますぞ」

時間を持て余して、のんびり始まった一日は、終りに近づくにつれて、だんだん激しくなってきた。

市役所の二階の応接室から裏手を見ると、すぐ眼《め》の前の山肌《やまはだ》に小さな寺と墓地がある。そのいちばん奥に野中兼山一族の墓があるという。兼山失脚後、宿毛に流され、厳しい監視下に辛酸を嘗《な》めた一族の墓である。兼山と、大原富《とみ》枝《え》氏の小説で有名になった娘の婉《えん》の墓はないが、あすは詣《もう》でてみようと思う。

宿毛の落日はすばらしいといわれる。とくに湾内の島の上に建てられた国民宿舎「椰子《やし》荘」がよいという。私たちの宿は、その椰子荘であった。けれども、夕方から雨であり、そうでなくても、宿に着いたときは、すでに日が落ちていた。

私たち三人は、国民宿舎の食堂の壁にかけられた「宿毛の落日」のカラー写真を眺《なが》めながら、カツオのたたきを食べ、すこし酒を飲んだ。

ふと、首藤さんがお遍路の話をはじめた。四国八十八ヵ所のうち、約半分の札所はすでに回ったのだそうである。作業服姿の建設所長とお遍路さんとは一致しないのだが、信心深い人らしい。

「全部回るおつもりですか」

と私は訊《たず》ねた。

「回りたいと思っているのですが、たぶん無理だと思います。仕事のついでに、つまみ食いのようにお参りしてきたので、あちこち点々と残ってしまって、はじめからやりなおすのと同じなんですよ。それに、もう齢《とし》ですし」

「………」

「どうも私のやることは、みんな中途半端《はんぱ》で終りそうです。宿毛線も途中でストップしてしまうし」

首藤さんの家庭は大阪にあり、宿毛では建設所の二階に一人で寝泊りしているのだという。

開業——一九九七年一〇月一日

国鉄再建法により中止された中村―宿毛間の工事を再開するため高知県が中心になって第三セクター方式の「土佐くろしお鉄道（株）」が設立されたのは一九八六年五月であった。そして、設立直後に廃止が決定した国鉄中村線（窪川―中村）の運営も引受けることになった。

宿毛への工事が再開されたのは翌一九八七年三月で、当初の計画では最高時速一〇〇キロだったのを一二〇キロにアップする改良もおこなわれた。ロングレール区間の拡大、分岐器の変更、自動進路制御装置の新設など、多額の費用を要しないものばかりであるが、これによって中村―宿毛間の特急の所要時分は二二分の予定が一七分に短縮された。

途中駅は具同《ぐどう》、工業団地《こうぎようだんち》、東宿毛《ひがしすくも》が追加され、六駅になった。東中筋《ひがしなかすじ》は国見《くにみ》に改称された。

＊

開業から三ヵ月後、私は岡山発9時22分の「南風1号」（四両編成）のグリーン車（先頭車）に乗った。JR四国やJR九州は特急でも運転席が開放的で、客席から前方を眺めることができる。デッキに立てば運転席の計器類も見える。しかも私の席は最前列の1Aであった。

窪川着12時44分、JRと土佐くろしお鉄道の乗務員が交替する。車掌は若い女性である。ループ線で下り、入野《いりの》松原を左に見て、中村着13時21分。一分停車ですぐ発車。いよいよ新開通区間に入る。

「土佐の小京都」中村の碁盤目の家並を無粋な高架橋で左にカーブしながら横切り、短いトンネルを抜け、四万十川の橋梁（四九四メートル）を渡る。一六年前に訪れた時、橋脚が空しく並んでいた光景を思い出す。

この橋の写真を見ると黒ずんだ橋脚と真新しいコンクリートの白い橋桁との対照が鮮やかだ。工事の中断の長かったことを物語っている。

水田のなかの高架橋を行き、具同を通過する。二両分の片面ホームのみで、特急の停車しない駅はすべてこの型である。具同駅が追加されたのは周辺の宅地化によるという。

具同からは短いトンネルが連続し、国見を過ぎると、トンネルの合間に小さな踏切が二つある。中村―宿毛間で踏切があるのはここだけである。

小トンネル群が終ると、こんどは高架橋が延々とつづく。贅沢な路線だ。

土讃線から中村線、そして宿毛線へと進むにつれて路線の状況がよくなってきた。けれども客は減ってきた。

高架橋上にある有岡は行きちがいのできる唯一の駅で、片面ホームが向い合っている。もちろん一線スルーである。

中筋川《なかすじ》を渡り、丘陵をトンネルで抜けると工業団地駅で、造成された用地に新しい工場が三つ四つ建てられている。

つぎの平田までの駅間距離はわずか〇・六キロ。工場誘致のために通勤者の便をはかったのだろう。

平田は特急停車駅で、五両編成用のホームがあるが片面ホームの一線のみ。しかも無人駅なので女車掌がホームで集札する。

聖《ひじり》ヶ丘《おか》トンネル（五〇八四メートル）を抜ければ東宿毛で、高架のホームから宿毛の市街と市役所や電波塔を眺めることができる。ここが宿毛の中心部への最寄り駅である。終着の宿毛まで、あと一・四キロ。

宿毛駅は二線と片面ホーム二面の頭端式で、高架上にある。行止りの両側に下りの階段があり、その間にエレベーターが設けられている。

階下のコンコースは南北両側に広い入口があり、天井も高いので非常に明るい。南国の駅に来た観がある。名産のサンゴの大きな店があり、食堂のメニューには「伊勢海老定食」もある。

宿毛駅は市街地と港との間の広々としたところに設置されたので、駅前広場用の土地は十分にある。すでに七〇台を収容できる駐車場があるが、拡張も可能だろう。マイカーからの乗継ぎ客の誘致は重要な増収策にちがいない。

広場から駅舎を眺める。この地に流された野中兼山一族の墓のある山を背景に、簡素で明快な設計の白い建物が冬らしくない強い陽光を浴びていた。

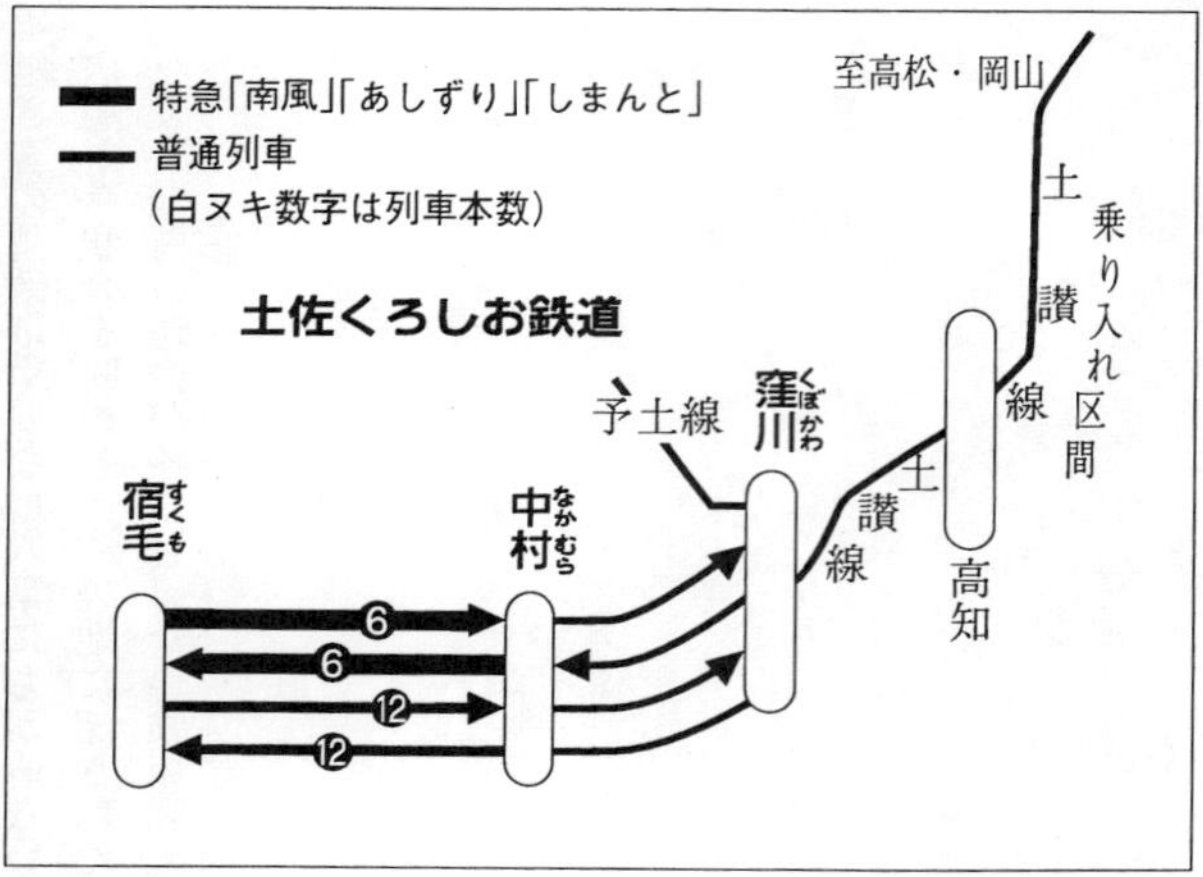

特急「南風」「あしずり」「しまんと」
普通列車
(白ヌキ数字は列車本数)
土佐くろしお鉄道
至高松・岡山
土讃線
乗り入れ区間
予土線
窪川《くぼかわ》
土讃線
高知
宿毛《すくも》
中村《なかむら》
6
6
12
12

瀬戸大橋に鉄道が走る日

四国と本州が〝陸続き〟になる日が近づいてきた。

昭和六三年（一九八八）三月には「本州四国連絡橋・児島《こじま》・坂出《さかいで》ルート」が完成するはずである。予算の配分と工事の進捗《しんちょく》状況から見て、よほどの障害が生じない限り完成時期の大幅な変更はないと思われる。

神戸《こうべ》・鳴門《なると》ルート、尾道《おのみち》・今治《いまばり》ルートの二つの競争相手をしりぞけて、この児島・坂出ルートが優先されたのは、架橋技術や石油ショックなど、さまざまの要因がからんだ上での決定であり、地域によって喜びや不満の度合いはさまざまであろうけれど、とにかく四国と本州が橋で結ばれる日が近づいた。

ただし、本四架橋が竣工《しゆんこう》したからといって、予定どおりにこの橋が全面的に活用されるかどうかわからない。

児島・坂出ルートの核心をなす「瀬戸大橋」は道路と鉄道の併用橋として設計され、施工《せこう》されている。上段が四車線の道路、下段が鉄道用で、新幹線でも在来線でも可の複線という構造である。人道や自転車道はない。

このうち、上段の道路については問題はない。未定の件が多々あるらしいが、橋の完成と同時に車が渡りはじめることは確実である。

これにたいし、下段の鉄道のほうは例によって国鉄問題がからむ。橋の使用料が高いからである。

瀬戸大橋の建設費は昭和五七年度の価格で八〇〇〇億円。完成時には一兆円に達するだろう。それから割り出すと下段の鉄道部分の使用料は年間五〇〇億円になるのだそうだ。そんな巨額の使用料を払ったのでは鉄道の需要予測から見て大赤字を生むこと確実である。鉄道独占の青函《せいかん》トンネルよりも事情はきびしい。

だから国鉄側は使用料をタダにしてくれればと言う。が、国は国鉄の肩代りをしたくない。それができなくなったので国鉄の赤字が大問題になっているのだ。

ではどうするか。そんなことは知らない。考えなければならない立場に立候補した人たちが早く結論を下すべきことだろう。

そこのところがはっきりしないからであろうか、鉄道関係の工事は遅れている。肝心の橋のほうは鉄道と共用なので当面は在来線規格の線路を敷くということで同時進行しているが、岡山県側の陸上部分の鉄道工事ははかばかしくない。

岡山から茶屋町までは現在の宇野線を複線化し、茶屋町から瀬戸大橋までは複線の新線を敷くという設計なのだが、用地の買収さえ終っていないという。道路のほうは山陽の幹線である国道2号線との連絡工事が着々と進行しているのだが。

しかも、鉄道には技術的に厄介《やっかい》な問題がある。

五つの島を踏台にして架けられる瀬戸大橋は全長九三六九メートルに及ぶ大工事だが、そのハイライトは南備讃《みなみびさん》瀬戸大橋で、中央径間一一〇〇メートルという大吊橋《つりばし》になっている。この吊橋の上に新幹線級の列車が二本のっかる、つまり、すれちがった場合、橋桁《はしげた》が五メートルも下がるという。そういう箇所に従来のようなレールの敷きかたをしたのではレールが折れ曲って脱線してしまう。そのために「緩衝桁」というむつかしい装置をはめこんだり、その他いろいろの工夫をしなければならず、試運転に四ヵ月を要するのだそうだ。

吊橋断面図

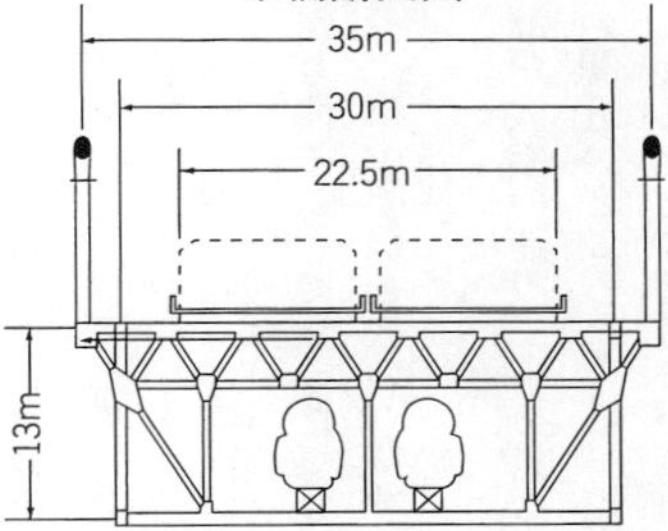

採算がとれない、赤字だといって瀬戸大橋の下段を無用の長物にしてしまうほど日本人には血も涙もないと思わないから、いずれは大吊橋を撓《たわ》ませながら列車が走るにちがいないと期待しているが、昭和六三年三月の橋の完成と同時に夢が実現するかどうかは怪しい。

あと三年でも待ち遠しいのに、さらにそれ以上となってはやりきれない。だいたい土木工事、とくに鉄道関係の工事は年月がかかりすぎる。完成予定が五年ぐらいズレこむことなど日常茶飯だ。指折り数えて開通を待っている当方はいたずらに齢《とし》ばかりとってしまう。

それで、数年前から「待つ」のはやめにし、建設中の新線を眺《なが》めたり、夢の時刻表を作成したりすることで乗った気分に浸るように方針を転換した。この方法ですでに何本かの工事線や工事中断線を扱い、精神衛生上よい結果を得ている。

瀬戸大橋の建設工事を見るには下津井《しもつい》―丸亀《まるがめ》間のフェリーに乗るとよい。航路の東約二キロの間近いところに主塔、橋台、高架橋などがズラリと並んでいる。

しかし、もっと近づいて見たければ船をチャーターするほかない。

三月二〇日（昭和六〇年）、水曜日、私は香川県側の坂出市番《ばん》の州《す》から本州四国連絡橋公団（本四公団）の専用船「さぬき丸」三七トンに便乗した。

じつは私にはこの橋の工事現場を見る義務があるのだった。私の本籍地が香川県にある関係で「瀬戸大橋架橋記念博覧会」の顧問なるものを仰《おお》せつかっていたからである。お役に立ちそうな知恵はないけれど、引受けたからには工事現場や博覧会用地を見ておく必要があった。

案内してくださるのは博覧会協会の亀井敬さんと本四公団坂出工事事務所の筒井守さんの

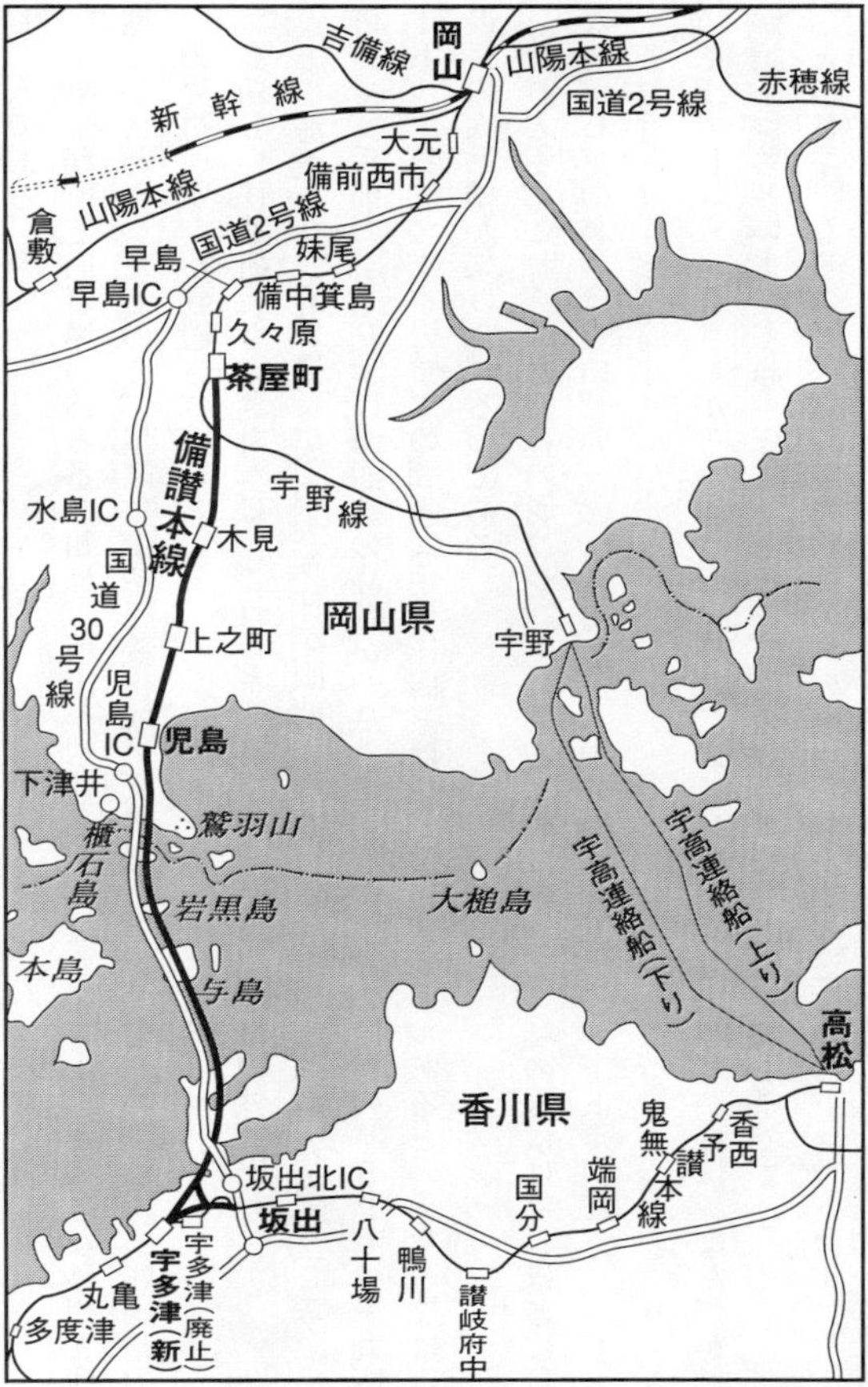

岡山
吉備線
山陽本線
赤穂線
国道2号線
新幹線
大元
備前西市
山陽本線
倉敷
国道2号線
早島
妹尾
早島IC
備中箕島
久々原
茶屋町
備讃本線
宇野線
水島IC
木見
国道30号線
上之町
岡山県
宇野
児島IC
児島
下津井
櫃石島
鷲羽山
岩黒島
大槌島
本島
与島
宇高連絡船(下り)
宇高連絡船(上り)
高松
香川県
鬼無
香西
讃予本線
端岡
国分
坂出北IC
坂出
八十場
鴨川
讃岐府中
宇多津(廃止)
宇多津(新)
丸亀
多度津

お二人である。

工事事務所と船着場のある番の州は、坂出から北へ広く長く突き出した大きな砂州と埋立地とが合わさったもので、川崎《かわさき》重工や三菱《みつびし》化成の大工場、アジア共石の精油所、四国電力の火力発電所などが建設されている。

真新しい快速艇「さぬき丸」は、これらを背にして臨海工業地帯の外に出た。

と、海上にそそりたつ二本の大鉄柱が眼前に現われる。南備讃瀬戸大橋の「ピア」（主塔）で、手前の「6P」は海面上の高さが一八六メートル、その向うの「5P」は一九四メートル、そして二本のピアの間隔（中央径間）は一一〇〇メートルあるという。ここに日本最長の大吊橋が架けられるのである。

けれども、これらの数字はパンフレットによるものであって、私の眼《め》にはそれほどに見えない。ピアの高さはせいぜい一〇〇メートル、中央径間は五〇〇メートル程度だ。

その旨《むね》を言うと、筒井さんが、

「そうでしょう。皆さんがそうおっしゃるのです。ピアが立ちましてからは、なんだか景色が縮まっちゃいましてね、ほら、あそこに見えるのが鷲羽山《わしゅうざん》で、岡山県です」

と指さす。なるほど、立ち並ぶ鉄柱の列の向うに鷲羽山の遊園地のジェットコースターらしいものが見えている。あそこまで一〇キロもあるとは思えない。五キロぐらいに見える。それだけ橋の規模が大きいということなのだろうが、世紀の大架橋工事らしい雄大さは感じられず、損をしている。これで一兆円余の工事費と一〇年もの工期を要するのかと思う。

正直なところ、そんな感想を抱いたが、工事関係者に叱《しか》られそうだから、パンフレットに記載されている工事の手順を紹介しておきたい。架橋というものは眼に見えない水面下の施工に手間がかかるものなのである。

①海底穿孔発破《せんこうはっぱ》。移動式の海上作業台を利用して海底に孔《あな》をあけ、火薬をつめて岩盤を破砕する。

②グラブ掘削。大型のグラブ式浚渫船《しゅんせつせん》によって土砂や岩塊をつかみとり、海底を掘削する。

③底面仕上掘削。移動式の海上作業台に搭載《とうさい》した切削機械により海底面を平らに仕上げる。

④ケーソン（潜函《せんかん》）沈設。鋼製ケーソンを海に浮かべて現場まで曳航《えいこう》し、平らにした海底に沈設する。このケーソンは底面が四五〇〇平米《へいべい》級の巨大なものである。

⑤粗骨材投入。沈設したケーソン内に粗骨材を投入する。

⑥コンクリート注入。プラント船によりケーソン内にモルタルを注入。これで基盤が完成する。

⑦ピア（主塔）とアンカレッジ（橋台）の建設。ピアはケーブルの支柱、アンカレッジは

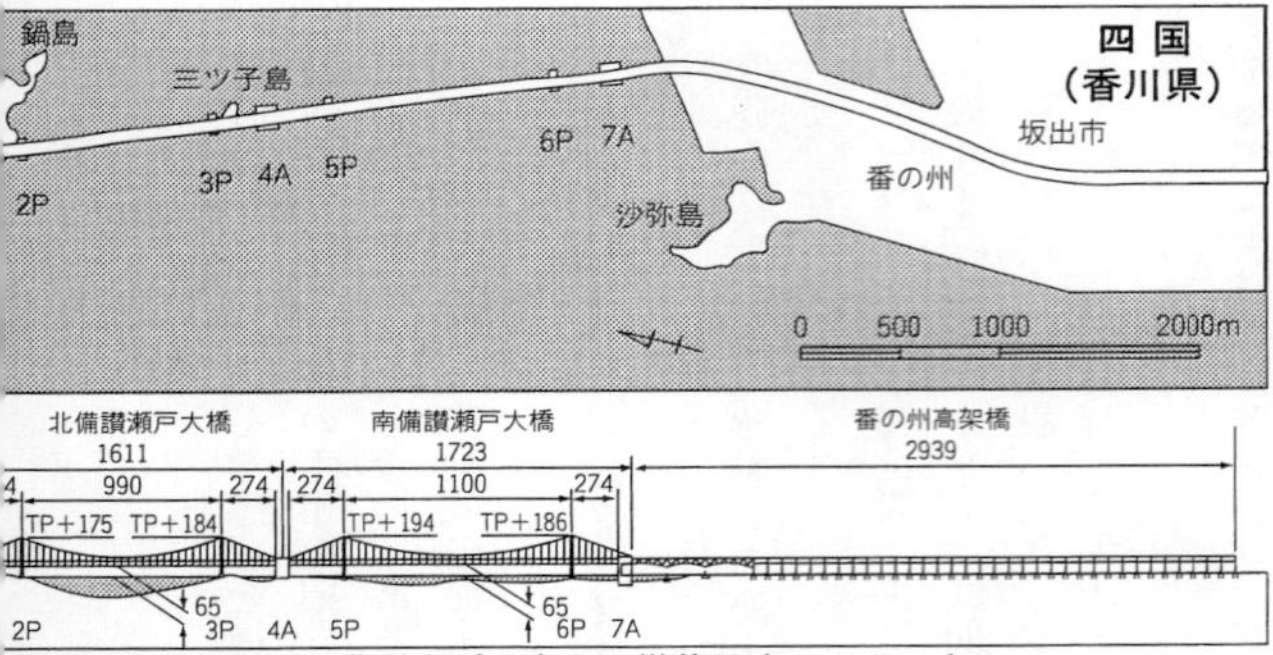

Pはピアの海面から塔頂までの高さ。単位はすべてメートル。

ケーブルの両端を固定するもので、いずれも橋桁の支えを兼ねる。

⑧ケーブル架設。アンカレッジ間に多数のピアノ線を張り渡し、これを束ねて一本の主ケーブルにする。

⑨補剛桁架設。主ケーブルから無数のハンガーロープを垂らし、これに補剛桁を吊《つ》るす。これで吊橋が完成する。

瀬戸大橋は五つの島々を足場にして架けられる関係で、吊橋、斜張橋、トラス橋、高架橋など各種の架橋方法が駆使されるが、いちばん難しい長大吊橋の場合は以上のような工程になる。

「さぬき丸」は「6P」の脇《わき》を通り抜けると北へ進路を変える。こんどは南備讃瀬戸大橋の二本のピアを西側から眺めることになる。依然としてその間隔が一一〇〇メートルもあるとは思われない。高さ一九四メートル、一八六メートルの二本のピアも一〇〇メートル

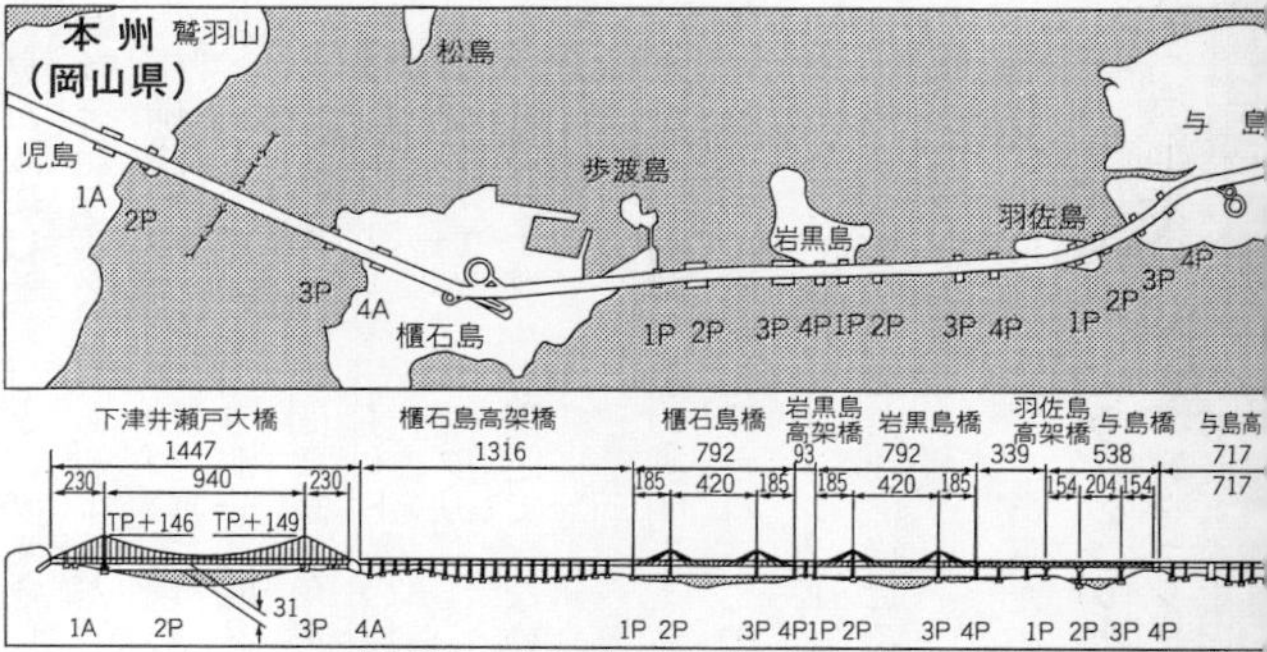

PはPier（ピア）、AはAnchorage（アンカレッジ）の略

程度である。

　この間に渡される補剛桁は海面上六五メートル。列車が走る場合の最大五メートルの下降、満潮時の海面の上昇を勘案すると大型船航行のためにはこれだけの高さが必要なのだそうだ。

「この二本のピアの間隔はですね、正確に言うと海面での間隔と塔の天辺《てっぺん》とでは三二ミリほど差があるのです」

　と亀井さんが言う。

　なんのことか私にはわからない。

「つまりですね。それぞれ垂直に立っていますから上へいくほど間隔が開くわけです。地球が丸いので……」

　なるほど。たしかに地球が丸いからには電信柱でも何でもそういうことになるわけだ。しかし、三二ミリという数字は微細ではない。すくなくとも設計者にとっては無視できない数値だったにちがいない。

見た眼にはそれほどに映らない瀬戸大橋の規模の大きさに驚くためには、こうした数字の助けをかりる必要があるようだ。

南備讃瀬戸大橋につづいて現われるのは北備讃瀬戸大橋で、これも中央径間九九〇メートル、二本のピアの高さが一八四メートルと一七五メートルという大吊橋である。

この二つの吊橋の間に長六角形のアンカレッジがあって、両橋のケーブルを固定する役割をはたす。高さ六五メートルの巨大なコンクリートの固まりで、高さは例によってそれほどには見えないが、ズングリしているので、なかなか重量感がある。これほどのものを建設しなければケーブルを固定できないのかと思うと、あらためて橋のスケールの大きさに感心させられる。

しかし、筒井さんの説明によると、このアンカレッジ（4A）は両側からケーブルで引っ張られるので力が相殺《そうさい》され、この程度の大きさですむが、番の州側の7Aのように固定するケーブルが片側のみのアンカレッジは容積が大きく、設計・施工ともに厄介だったという。

この7Aは、出発した直後にその近くを通ったのだが、ついピアにばかり眼がいって、よく見なかった。

筒井さんに言われて、あらためて振り返ると、イビツな格好のアンカレッジが見える。

この7Aを支えるケーソンの沈設は瀬戸大橋架橋の最大の難工事だったそうで、底面積四五〇〇平米の大ケーソンをコンピューターで計測しながら徐々に水平に沈め、わずか五ミリの誤差で海底に固定したときは一同手をとり合って喜んだという。

「瀬戸大橋のために生れてきたような男」と評され、その熱意と技術が語り草になっている初代の坂出工事事務所長杉田秀夫さんは、この7A用のケーソンを無事に沈設させるや、「これで瀬戸大橋は出来上ったも同然」と言って本社へ転勤したそうである。

ドラマに満ちた7Aケーソンの向うは番の州で、坂出インターと予讃《よさん》本線へつづく高架橋がつらなっている。二九〇〇メートルもある長い高架橋だが、将棋倒しのコマを並べたように小さく見える。

この番の州高架橋の西側に空地《あきち》があり、「瀬戸大橋架橋記念博覧会場」の予定地となっている。六〇ヘクタールが用意されているのだが、これまたそれほどの面積には見えない。これではどんなに大きな観覧車や塔を立てても半分にしか見えないから不利だ。「瀬戸大橋の近辺に大きいものをつくるのはやめましょう」と進言しようかと思う。

話を海上へ戻《もど》すとして、ここで注目すべきは南北二つの備讃大橋の中間にある三ツ子島であろう。

島というよりは岩礁《がんしょう》のようなものであるが、もし三ツ子島がなかったならば、直接この島を踏み台にした北備讃瀬戸大橋の3Pはもとより、南備讃瀬戸大橋の5Pも、その間のアンカレッジ（4A）も構築できなかったにちがいない。

そうなれば、番の州から与島《よしま》までを一本の吊橋とするほかなく、中央径間が二〇〇〇メートルにも及んでしまう。

本四架橋の三つの候補ルートのうち、もっとも効果の高いのは言うまでもなく京阪神に近い神戸・鳴門ルートである。しかし、このルートの場合、明石《あかし》海峡に中央径間一七八〇メートルもの大吊橋を架けねばならない。世界最長の中央径間は一九八一年に完成したイギリスのハンバー橋の一四一〇メートルであるが、これを大きく凌駕《りようが》したとんでもない吊橋となり、技術的にも工費の面でも問題が多い。

それで最大中央径間一一〇〇メートルの児島・坂出ルートが優先着工になったわけだが、これは三ツ子島のおかげである。にもかかわらず、北備讃瀬戸大橋の3Pの土台になった姿は四天王に踏みつけられた邪鬼に似て哀れだ。香川県としては感謝の碑でも建立《こんりゆう》して合掌せねばならないだろう。

北備讃瀬戸大橋から北は与島、羽佐《わさ》島、岩黒《いわくろ》島、櫃石《ひついし》島の四島が適度の間隔で並んでいるので難しい区間はなく、最後に中央径間九四〇メートルの下津井瀬戸大橋があって本州へ通じている。

下津井瀬戸大橋はケーブルの架設中であった。正しくはケーブルでなくて「猫歩き《キヤツト・ウオーク》」というロープが張られた段階であるが、二本のロープの間に足場が渡され、働く人が見える。

あんなところで働くとは、と鑽仰《さんぎょう》のほかはないが、その姿の小さいこと。正にアリのようだ。ここまで来て、ようやく橋の大きさや高さが実感できた。

さて、夢を見ることにしよう。

昭和六三年×月×日、備讃本線開業の日である。

岡山駅の10番線で発車を待つ高松行の特別快速「レインボー1号」に人だかりがしている。すでに三本の夜行列車が四国へと渡って行ったはずだが、記念列車はこの「レインボー1号」である。高松―豊浜間と多度津―琴平間が電化されたので、「レインボー1号」は電車で、座席はクロスシートになっている。

クス玉が割られ、白手袋のお歴々が並んでテープをカットする。橋を切り刻むようで好ましくないが、そういうお定まりのセレモニーがあって定刻7時15分に発車。

茶屋町までは宇野線を複線化した区間であるが、きょうからは名称が変更され、備讃本線となった。

新線区間に入って速度が上がり、木見《きみ》、上《かみ》の町《ちょう》を通過して、7時39分、児島に停車。ブラスバンドやタスキ掛けの人びとが群がって大歓迎である。橋よりも岡山まで二〇分余で行けるようになったことを祝っているのだろうか。

左窓に海がチラと見えて鷲羽山トンネルに入る。

二三〇メートルの短いトンネルだからすぐ抜けると車内が明るくなって下津井瀬戸大橋にさしかかる。

一斉《いっせい》に歓声があがり、乗客たちが窓に顔を寄せる。

だが、窓の両側は鉄骨に囲まれているので檻《おり》のなかを行くようだ。眼がチカチカする。

下津井瀬戸大橋を五〇秒で渡り終ると香川県の櫃石島で、吊橋《つりばし》から高架橋に変るが、上段

線・下り）（その１）　　昭和63年３月開業予定

321M	535M	555M	305M	323M	537M	307M	3D	13D		列車番号
										始発
820	828	858	915	920	928	1015	…	1020	┐（しおかぜ3号）と（南風3号）は一枚の特急券で相互乗りつぎできます）	おかやま
快速	831	901	特快	快速	931	特快	…	特急		おおもと
レ	834	904	（レインボー5号）	レ	934	（レインボー7号）	…	（南風3号）		びぜんにしいち
828	838	908		928	938		特急			せのお
レ	841	911		レ	941		（しおかぜ3号）			びっちゅうみしま
レ	844	914		レ	944					はやしま
レ	847	917		レ	947					くぐはら
835	850	920		935	950			⊠		ちゃやまち
レ	宇野着 920	926	レ	レ	宇野着 1020	レ				きみ
レ		931	レ	レ		レ	⊠			かみのちょう
847		935	939	947		1039		レ		こじま
‖	…		952	‖	…	1052		‖		さかいで
‖	…	…	1008	‖	…	1108		‖		たかまつ
‖	…	…	…	‖	940	┐	1035	‖		たかまつ
859	…	…	…	959	1003	急行	1056	1056		うたづ
900	…	…	…	1000	1004	（いよ3号）	1100	1103		
903	…	…	…	1003	1007		レ	レ		まるがめ
レ	…	…	…	レ	レ		レ	レ		さぬきしおや
907	…	…	…	1007	1011	103D	1106	1109		たどつ
‖	…	…	…	‖	1250	…	1325	‖		まつやま
‖	…	…	…	‖		…	‖	1315		こうち
観音寺 934				琴平 1023			宇和島 1520			終着

度津——あなご飯（600円）

宮脇俊三作
国鉄非監修

岡　山 —— 坂　出・宇多津　(備《び》

営業キロ	列車番号	601	221	15	4015	17		531M	551M	301M	1D	11D		533M	5
	始発	大阪 2340		東京 1905		東京 2030									
0.0	岡山発	220	急行 坊ちゃん / 竜馬	440	彼岸	620	まんだら	628	658	715	…	720	(しおかぜ1号)と(南風1号)は一枚の特急券で相互乗りつぎできます)	728	
2.4	大元〃	レ		レ		レ		631	701	特快 レインボー1号	…	特急 南風1号		731	
4.5	備前西市〃	レ		(個)		レ		634	704		…			734	
8.3	妹尾〃	レ		は松山行に連絡	個	レ		638	708		特急 しおかぜ1号			738	
10.2	備中箕島〃	レ				レ		641	711					741	
11.9	早島〃	レ				レ		644	714					744	
13.2	久々原〃	レ				レ		647	717					747	
14.9	茶屋町〃	レ				レ		650	720					750	
20.4	木見〃	レ				レ		宇野着 720	726	レ				宇野着 820	
24.6	上の町〃	レ	…			レ			731	レ					
27.8	児島〃	レ	…	レ		645	…		735	739		レ			
48.1	坂出着	‖	…	‖		701	…	…		752		‖		…	
69.7	高松着	‖	…	‖	…	720	…	…	…	808		‖		…	
‖	高松発	‖	…	‖	…	…	…	…	…	…	735	‖		…	
46.4	宇多津着	レ	急行	レ	…	…	…	…	…	…	756	756		…	
	宇多津発	レ	竜馬	レ	…	…	…	…	…	…	800	803		…	
48.6	丸亀〃	レ		レ	…	…	…	…	…	…	レ	レ		…	
50.0	讃岐塩屋〃	レ		レ	…	…	…	…	…	…	レ	レ		…	
52.8	多度津着	315	↳	535	↳	…	…	…	…	…	806	809		…	
214.5	松山着	620	‖	810	‖	…	…	…	…	…	1025	‖		…	
179.6	高知〃		615		800	…	…	…	…	…	‖	1015		…	
	終着										宇和島 1220	中村 1210			

宇多津——さぬき弁当(800円)　大橋弁当(700円)

の道路を支えるコンクリの柱が窓外に林立している。鉄道は下段という仕打ちが怨《うら》めしくなる。しかも、幅三〇メートルの広い橋の中央にレールが敷かれているので、窓の下に海を見ることができない。

斜張橋で岩黒島に渡り、さらに斜張橋とトラス橋で羽佐島から与島へと進んでいるはずだが、鉄骨やコンクリの柱がチカチカするばかりである。

左窓の鉄骨の間に三角形の大槌《おおづち》島が点滅している。コマ数を落とした映画を見るようで眼が疲れるが、北備讃瀬戸大橋にかかった気配である。列車の重みで橋桁《はしげた》が撓《たわ》んだような弾力を感じるが気のせいだろう。

ここが三ツ子島のはず、一瞬まっ暗になったのは4Aのアンカレッジ、いまは南備讃瀬戸大橋だと自分に言い聞かせているうちに四国電力の煙突が見えた。もう番の州である。時速一一〇キロ、わずか五分で渡り終えたのだから素晴らしいが、あっけなく物足りない。

と、窓外が明るく開けた。道路の下の檻のなかから解放されたのである。

ここで線路は二つに分かれる。直進すれば新設された宇多津《うたづ》駅から予讃本線の下り線に合流して松山、高知方面へ向い、左へカーブすれば坂出駅から同じく予讃本線に入って高松に達する。

高松着8時08分。実感が湧《わ》いてこないが、岡山から高松まで五三分で着いてしまったことは時計が示している。

歓迎の人波を分けて駅前の喫茶店に入り、新聞を開く。第一面のトップはもちろん鉄道の記事だが、社会面の下のほうに「観光バスまた祖谷渓《いやだに》に転落」とある。瀬戸大橋の道路部分が開業してからもう×ヵ月もたつというのに、あいかわらず転落事故が多い。四国の嶮路《けんろ》に不慣れな観光バスが続々と渡ってきては「かずら橋」を目指すからだという。

開業――一九八八年四月一〇日

道路と鉄道の併用橋、瀬戸大橋の工事は順調に進捗した。けれども、鉄道の開業までには、いくつかの問題を越えねばならなかった。JR四国が巨額の使用料に堪えられるか、宇野線に連絡する新線建設がはかどらない、吊橋の撓《たわ》みを吸収する緩衝桁《かんしょうげた》のテストに長期間を要する、などであった。鉄道に対する風当りの強い時期で、鉄道なんか通さんでよい、という感情論もあった。

鉄道の開業は道路より遅れるかもしれないな、と私は思った。「同時開業」の機会を失するとズルズルと延ばされて、いつになるかわからないぞ、と心配にもなった。しかし、幸いにも一九八八年四月一〇日、道路と同時に開業の運びとなった。

開業してみると、道路は高い通行料がわざわいして予測の半分しか交通量がなかった。これに対し鉄道は盛況で、一時間に一本の快速電車を三〇分間隔へ倍増させる結果となった。瀬戸大橋線を利用して岡山へ通学する学生が少なからず現れ、香川県を嘆かせたりもしているが。

＊

開業一ヵ月前、私は報道関係者とともに宇多津―児島間の試乗電車に乗って夢心地の一〇分間を過した。太い鉄骨のトラスに囲まれているのに景色がよく見えるのが意外だった。

児島に着くと、記者たちが運転士にインタビューする。「運転席は眺めがよくていいでしょう」という質問に、

「いえ、踏切が一つもないのが有難いです」

と運転士は答えていた。

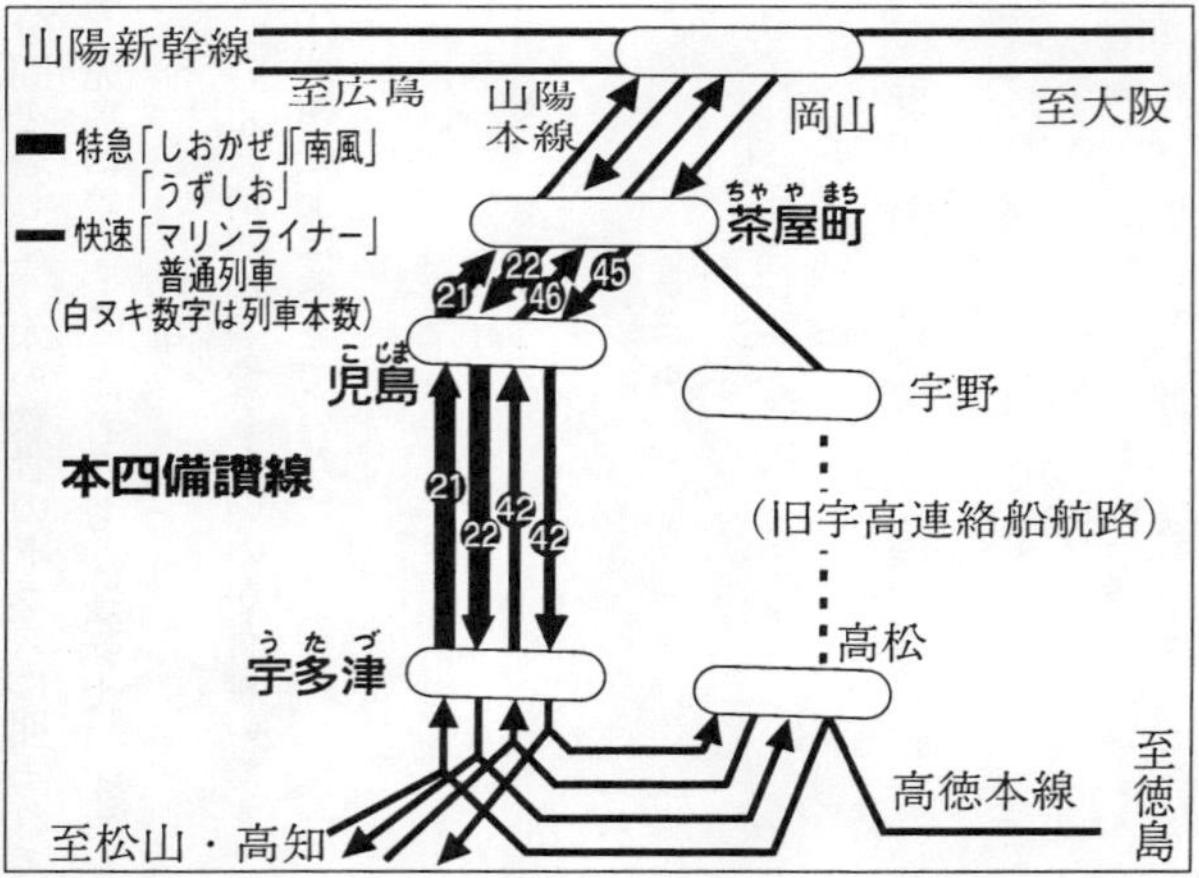
山陽新幹線
至広島
山陽
本線
岡山
至大阪
特急「しおかぜ」「南風」
「うずしお」
快速「マリンライナー」
普通列車
（白ヌキ数字は列車本数）
茶屋町《ちゃやまち》
22
21
46
45
児島《こじま》
宇野
本四備讃線
21
22
42
42
（旧宇高連絡船航路）
高松
宇多津《うたづ》
高徳本線
至徳島
至松山・高知

青函トンネル紀行

五月二一日（昭和六〇年）、火曜日、私は新潮社の栗原正哉さんとともに青森県の竜飛《たっぴ》へ向った。

竜飛は津軽半島の北端にある小さな漁村で、ここに日本鉄道建設公団の竜飛建設所、つまり青函《せいかん》トンネル工事の本州側の基地が設けられている。北海道側の基地は渡島《おしま》半島の南端に近い吉岡《よしおか》にあり、津軽海峡のほぼ中央を境にして工事を分担している。私たちは本州側からの見学を公団に申し入れ、五月二二日の午前八時に竜飛の建設所に来られたし、との指示を受けたのであった。青函トンネルの「本坑」が貫通してから二ヵ月余のことである。

青函トンネルほどの大工事になると、列車の通る「本坑」をいきなり掘るわけにはいかない。

まずボーリングなどによる探査ののち、両岸に二本の「斜坑」が掘られる。斜坑は、作業員や資材の通路となり、換気や排水の役割をはたす。太さは高さ四メートル、幅五メートルぐらいで、傾斜は四分の一。断面図を見ると、垂直にちかい急傾斜だが、これは図のヨコとタテの比率がちがうためで、実際は四メートル進むごとに一メートル下がるという設計であ

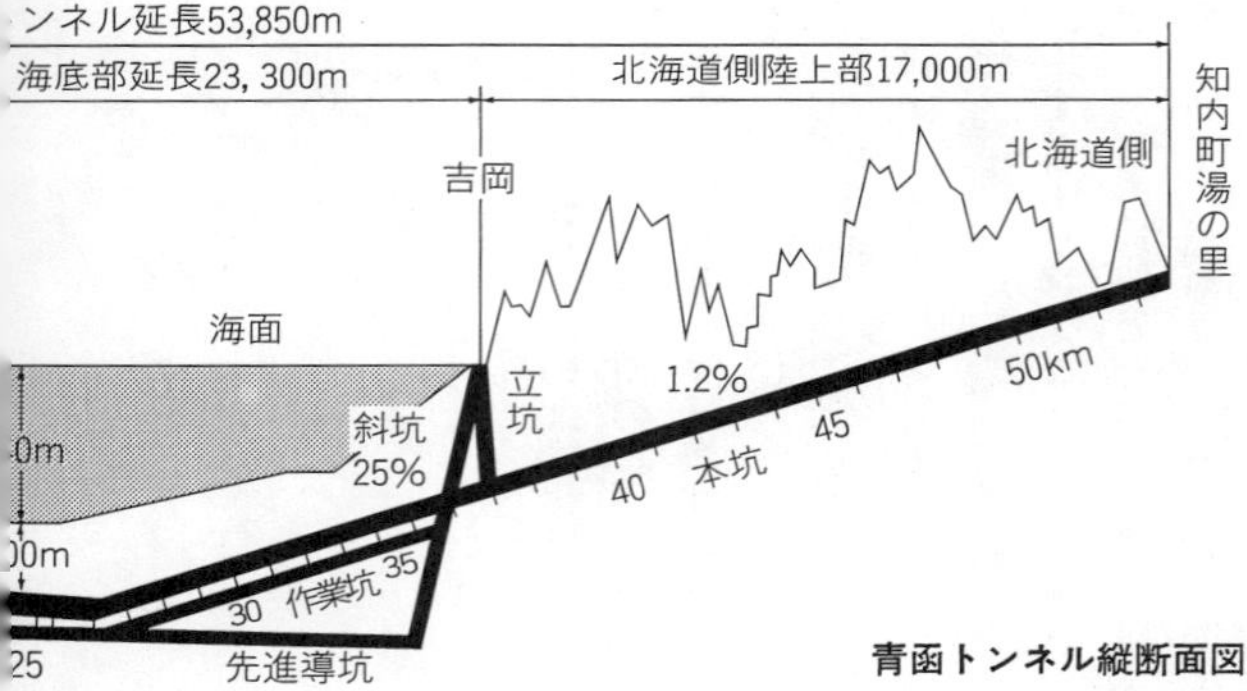

青函トンネル縦断面図

る。長さは竜飛側斜坑が一三一五メートル、北海道の吉岡側が一二一〇メートルであった。

斜坑が地底深くに達すると、そこから一〇〇〇分の三という、ゆるい上り勾配《こうばい》の「先進導坑」が掘り進められる。先進導坑は地質調査や掘削技術の開発が主目的であるが、本坑貫通後は排水や換気坑になる。上り勾配で掘るのは掘り出した岩、砂、土の搬出と排水の便のためである。坑の太さは高さ三ないし四メートル、幅三・六ないし五メートルぐらいで、斜坑よりやや細い。

つぎが「作業坑」。これは「本坑」と三〇メートルの間隔をおいて並行に掘られるので、私などの素人《しろうと》は掘削の必要があるのかとの疑問を抱いてしまうが、これについては、見学しているうちにわかってくる。太さは高さ約四メートル、幅は四ないし五メートル、途中で先進導坑に合流する。

そして、いよいよ列車の走る「本坑」となる。

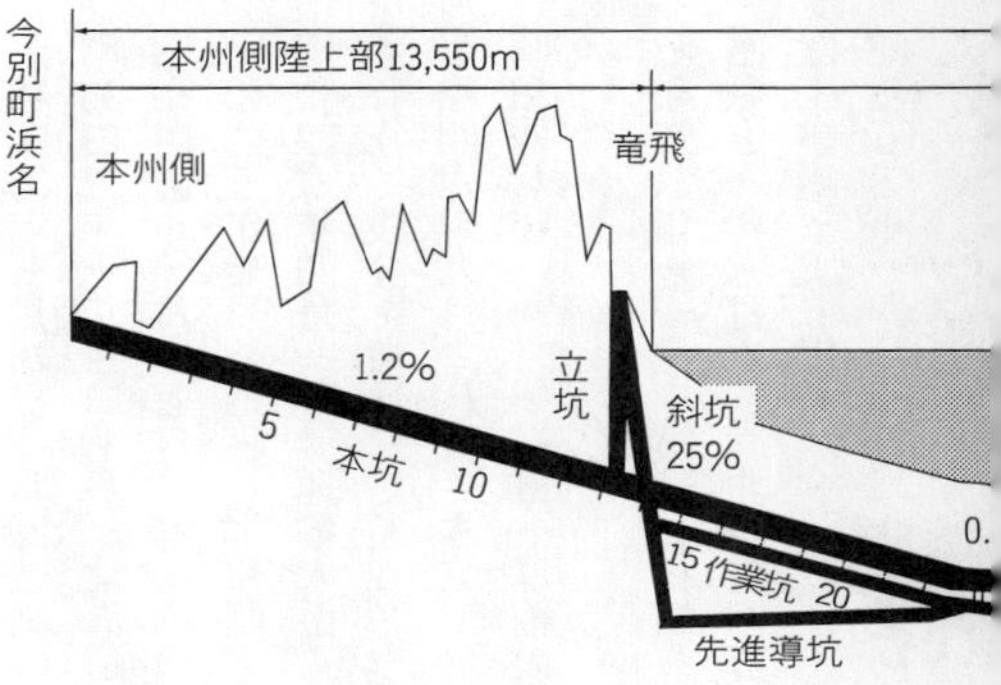

先進導坑や作業坑は海底部分だけであるが、本坑は海岸よりもずっと手前に入口がある。

以上を含めた青函トンネル関係の略年表を記すと、つぎのようになる。

昭和二一年四月二四日　国鉄が地質調査を開始。下北半島からのほうが近道だが、水深が浅く、地質も無難な津軽半島―渡島半島西南部をルートにすべきだと判断。

昭和二八年八月一日　鉄道敷《ふ》設《せつ》法予定線に「青森県三厩《みんまや》附近ヨリ渡島国福島附近ニ至ル鉄道」を追加。

昭和二九年一月六日　陸上ボーリング開始。

昭和二九年九月二六日　青函連絡客船の洞爺《とうや》丸が台風により沈没。他に四隻《せき》の貨物船も沈没し、死者総計一四一四名。

昭和三〇年二月一八日　国鉄が津軽海峡連絡ずい道技術調査委員会を設置。翌年、技術的に可能との結論。

昭和三六年五月一二日　鉄道敷設法の「予定線」から「調査線」に昇格。
昭和三九年三月二三日　日本鉄道建設公団が発足。
昭和四一年五月八日　吉岡斜坑掘削開始。
昭和四一年三月二一日　竜飛斜坑掘削開始。
昭和四二年三月四日　北海道側の先進導坑掘削開始。
昭和四三年一二月二七日　北海道側の作業坑掘削開始。
昭和四五年一月一七日　本州側の先進導坑掘削開始。
昭和四五年七月一三日　本州側の作業坑掘削開始。
昭和四六年四月一日　運輸大臣（橋本登美三郎《はしもととみさぶろう》）が基本計画（工事）を指示。また新幹線を通しうる設計を指示。
昭和四六年九月二八日　本坑工事開始。
昭和四八年一一月一三日　運輸大臣（新谷寅三郎《しんたにとらさぶろう》）が北海道新幹線の工事実施計画作成を指示。
昭和四八年一一月　第一次石油ショック。
昭和五一年五月六日　北海道側吉岡工区の作業坑にて異常出水。最大湧出《ゆうしゅつ》量は毎分八〇トン。工事絶望説も出る。
昭和五三年一〇月四日　北海道側陸上部の本坑完成。

昭和五四年八月三〇日　運輸大臣（森山欽司《きんじ》）が「まず在来線で開業」と発表。
昭和五四年九月二一日　本州側の作業坑完成（先進導坑に合流）。
昭和五五年三月九日　北海道側の作業坑完成（先進導坑に合流）。
昭和五六年七月三日　本州側陸上部の本坑完成。
昭和五七年九月二四日「整備新幹線計画は当面見合わせる」との閣議決定。
昭和五八年一月二七日　**先進導坑貫通**。
昭和五九年四月一八日　青函トンネル問題懇談会（座長・斎藤英四郎《さいとうえいしろう》）が最終報告書を運輸大臣に提出。
昭和六〇年三月一〇日　**本坑貫通**。
昭和六三年三月　青函トンネル開業（予定）。

この略年表を眺《なが》めていると、同時代を生きてきた人間として感慨を禁じえない。

私がはじめて北海道へ渡ったのは戦時中の昭和一七年八月で、中学四年生のときだった。富良野《ふらの》に所用があるという父について行ったのだが、敵の潜水艦対策として時刻表には青函連絡船の時刻は記載されていなかった。「省略」となっていた。

津軽海峡にさしかかると、白波の間から魚雷が向ってきそうで気味がわるく、乗客たちは真剣な顔で救命胴衣に手を触れたりしたものだった。

津軽海峡に海底トンネルをとの構想は古くからあった。何かにつけて大風呂敷《おおぶろしき》な話が国民の志気昂揚策《こうようさく》とのからみで横行した戦時中には、そうした構想が報道されたこともあった。だが、現実に津軽海峡を行く連絡船の甲板に立ってみれば、海峡は広く、そして青黒く深く、青函トンネルなど思いも及ばない夢物語に思われた。

しかし、年表によれば、昭和二一年四月に青函トンネル掘削のための地質調査が国鉄によって開始されている。陸海軍や軍需産業の解体によって職を失った技術者たちが大量に国鉄に流れこみ、人が余っていたという事情はあるにせよ、あの敗戦からわずか八ヵ月後、焦土と飢えのなかで日本国民が途方にくれていた時期に、雲をつかむような青函トンネル構想に思いを致す人がおり、しかも実際に調査が開始されたとは、大いに驚いてよいことだろう。もちろん、夢物語の域を出ない調査であったろうけれど。

青函トンネル構想がいつごろから現実味を帯びてきたかは定《さだ》かでないが、昭和二九年九月二六日の「洞爺丸事故」が強く作用したことはたしかだと思われる。青函連絡船の洞爺丸が函館《はこだて》港外で台風15号の強風を受けて横転・沈没し、かのタイタニック号に次ぐ大海難事故となったのである。この大惨事を機に、津軽海峡に海底鉄道トンネルをとの世論が高まった。

そうでなくとも、風が吹けば欠航し、盆暮の多客期には積み残し客や滞貨を出すなど、青函連絡船は北海道―本州間の輸送の隘路《あいろ》であった。

津軽海峡にトンネルを掘り、北海道と本州を陸続きにしようとの願いが、夢物語ではなく

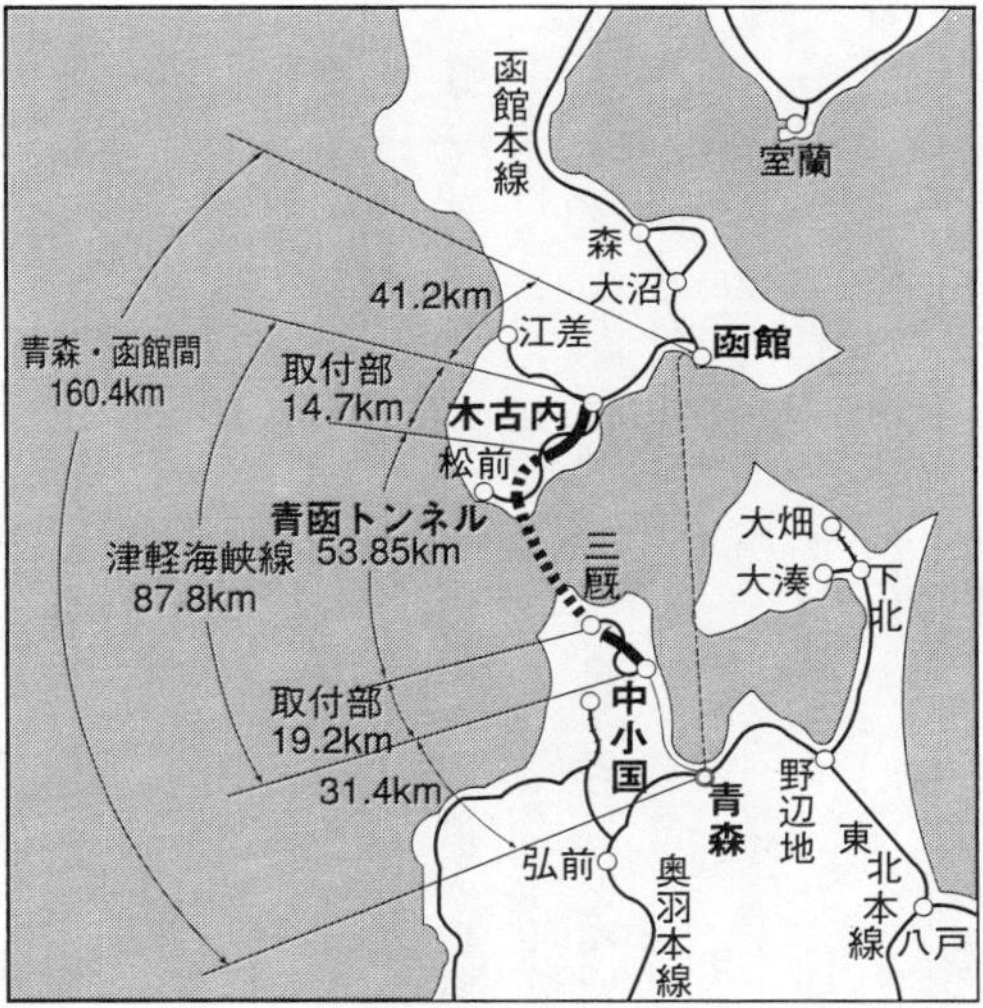

なってきた。

昭和三八年九月には国鉄が調査坑掘削を決定。当時の石田礼助総裁は「技術屋さんのロマンだな」と言いながら総裁印を捺《お》したと伝えられている。この頃《ころ》が夢から現実への境目だったのであろう。

そして、斜坑、先進導坑、作業坑の掘削、さらに本坑工事着手へと進んでいく。田中角栄首相の列島改造論も拍車をかけた。

ところが、こうした工事の本格化とは裏腹に、国鉄の青函輸送に翳《かげ》りが見えはじめた。増加の一途をたどっていた青函連絡船の客が、昭和四八年度の四九八万六〇〇〇人をピークとして下降線をたどりはじめたのである。言うまでもなく航空機へと客が移ったからであった。貨物輸送も貨車よりトラックの時代になり、続々と登場した長距離フェリーへと移っていった。

その下降現象は止《とど》まるところを知らず、昭和五六年度には、乗客がピーク時の四八パーセント、貨物は五五パーセントまで落ちこみ、さらに減りつつある。

巨費を投じて青函トンネルを掘り進めば進むほど、運ぶべき客と貨物は減る一方、という悲劇である。新幹線を通すという設計で、断面の大きいトンネルを掘っているが、新幹線といえども東京—札幌《さっぽろ》間のような長距離では航空機の客を奪い返す期待はもてない……。

「青函トンネルは無用の長物」との見方が台頭してきた。世界の土木工事史上に冠たる大海底トンネルであり、諸外国からの見学者は絶えないのだが、何のために掘っているのかわからなくなってきたのである。これほどの大プロジェクトでありながら利用価値の見失われた例が他にあるのだろうか。

これ以上の国費の無駄《むだ》づかいはやめるべきだ、即刻工事を中止し、トンネルに蓋《ふた》をして廃棄せよ、との極論もあらわれた。

石油の備蓄用として使ったらどうか、と提案する人もいた。しかし、液体や気体を蓄える容器は体積に比して表面積が少ないほどよい。つまり球形が最適なのであって、細長いトンネルなど、まったく不向きである。海底トンネルだから湧水や漏水対策だけでも大変なことになり、問題にならない。

自動車道路として利用できないか。これが時代に合っており、可能ならば採算もとれるが、自動車のエンジンは大量の酸素を吸いこみ、それを排気ガスに変える。排気ガスの処理は自動車用トンネルの泣きどころで、電気鉄道用のトンネルとはまったく条件がちがう。追突・炎上の事故が起れば、事故車だけでなく、トンネル内の大半の自動車の客が酸素欠乏で死ぬかもしれない。

その対策として給気・排気の設備を必要とするが、青函トンネルを自動車道路に転換するとなれば、抜本的な設計変更を余儀なくされる。長大なトンネルなので、両端からの給気・排気坑を設けただけでは不十分であり、途中に何本もの立坑を新設せねばならないが、海底のトンネルと海面上をどうやって結ぶのか。しいてやれば一兆円もの追加工費を要する。

けっきょく、青函トンネルは当初の構想どおり「鉄道用」としてしか使いみちがなく、あとは、光ファイバーなどの通信用回線を併設するぐらいが活用の限度であった。

こうした前提に立って昭和五八年三月、運輸大臣の諮問《しもん》機関として「青函トンネル問題懇談会」が設けられ、工事の継続か中止か、完成させるとすればどう利用するかの判断を委《ゆだ》ねることになった。会の名称どおり、青函トンネルは「問題児」になったのである。

一年間の論議を経て昭和五九年四月一八日、最終報告書が提出された。その要点は、つぎのようなものである。

——工事を中止してトンネルを放棄するのは、すでに投じられた建設費の処理のみならず、同トンネルの持つ意義、国民とくに北海道民の願望、その建設の国際的評価などから考えて採るべきではなく、国民の合意も得られないであろう。予定どおり完成させ、積極的に活用すべきである。

——道路用としての利用は排気ガスの処理などの問題で技術的に不可能。鉄道用として使うほかない。その場合、旅客や貨物列車だけでは今日《こんにち》のニーズの変化に対応できない。乗用車やトラックを運ぶ「カートレイン」に重点をおくべきである。

——一兆円にも及ぶ建設費の元利を償還するには年間八〇〇億円を使用者が負担しなければならない。これを前提とする限り、国鉄はもとより青函トンネルを積極的に運営する主体が現われる見込みはない。その建設費については公的負担を求めざるをえない。

以上のごとくで、妥当な見解と言える。とくに「カートレイン」は時代に即応した適切な提案である。

ただし、カートレインの実現には、いくつかのケースがあり、そのどれを選択するか、工費の面で問題がある。

青函トンネルは、青森と函館を結ぶトンネルではない。掘っているのは津軽半島北部の今《いま》別《べつ》町浜名《はまな》と渡島半島南部の知内《しりうち》町湯《ゆ》ノ里《さと》間の五三・八五キロである。その前後に「取付《とりつけ》部」つまりトンネルへの導入部があり、青森側の中小国《なかおぐに》から函館側の木古内《きこない》までの八七・八キロが「津軽海峡線」と呼ばれる工事区間になっている。

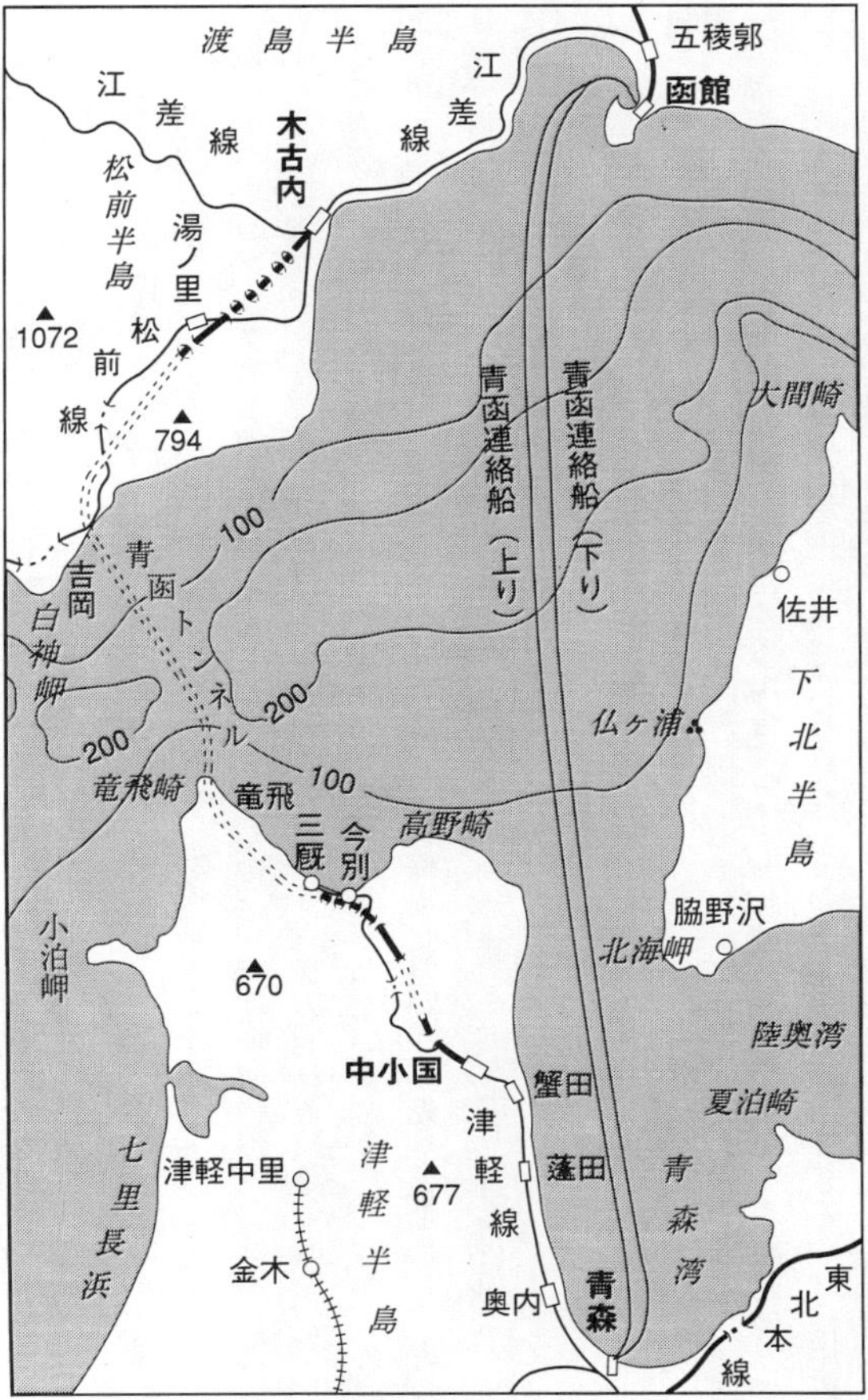
渡島半島
五稜郭
函館
江差線
江差線
木古内
松前半島
湯ノ里
1072
松前線
794
青函連絡船（上り）
青函連絡船（下り）
大間崎
100
吉岡
青函トンネル
白神岬
200
200
佐井
下北半島
仏ヶ浦
竜飛崎
100
竜飛
三厩
今別
高野崎
脇野沢
北海岬
小泊岬
670
陸奥湾
中小国
蟹田
夏泊崎
津軽線
蓬田
七里長浜
津軽中里
津軽半島
677
青森湾
金木
奥内
青森
東北本線

この中小国—木古内間については新幹線を通すとの設計で工事がおこなわれ、トンネルの口径も路盤も広く、急カーブもない。

ところが、そこへ至る青森—中小国間と函館—木古内間が、なんとも心もとない。前者には国鉄の津軽線（三一・四キロ）、後者には江差《えさし》線（五稜郭《ごりょうかく》起点で三七・八キロ。函館からは四一・二キロ）があるのだが、細々としたローカル線で、「津軽海峡線」とはくらぶべくもない貧弱な路線である。また、並行する国道も大型トラックの通れる道路ではない。

この青森—中小国間、函館—木古内間の線路か道路を改修しないかぎり、せっかくの青函トンネルも十分な効果を発揮することができない。新幹線を盛岡から先へと延長し、青森、函館を経て札幌に至る計画が頓挫《とんざ》したために、その一翼を担《にな》うはずの青函トンネルだけが宙に浮いたわけで、その弥縫策《びほうさく》を探らねばならなくなったのである。

これについて青函トンネル問題懇談会の最終報告書は、つぎのような三つの場合に分けて論じている。

①青森—函館の全区間を狭軌《きょうき》で運行する場合。カートレイン用のターミナル設置のみで済むので、追加投資は約二〇億円程度におさえられる。そのかわり、輸送できるのは乗用車と小型トラックに限られ、輸送需要は少ない。

②中小国—木古内間のみを標準軌（新幹線とおなじ軌間一四三五ミリ）とする場合。この

区間については大型トラックの積載が可能となるが、その前後の道路が細いので効果はない。道路の整備をおこなうには多額の工費（約八〇〇億円―二〇〇〇億円）を要する。③青森―函館の全区間を標準軌にする場合。大型トラックを含む全車種の輸送が可能になり、採算性の見通しも明るいが、追加投資額は一五〇〇億円になる。（複線か単線かは明らかにされていないが、工費から見て複線だと思う）

一兆円にも上る青函トンネルの工事費と比較すると、あと一五〇〇億円程度。それを奮発すれば青函トンネルの効果は最大限に発揮されるのにと思うが、いまや投資を極力おさえなければならぬ状況なので、最終答申も③にせよ、と断言することができない。③が断然いいですよ、との意思は明らかだが、決断は政府に委ねて筆を止めている。

世界の土木工事史上に冠たる大プロジェクト、ただし使途と方策については不分明。その輝かしくも不幸な工事現場を見るべく、私たちは青函トンネルの本州側の基地である青森県の竜飛建設所へと向っている。

東北新幹線の「やまびこ21号」で盛岡着12時26分。接続する在来線の特急「はつかり9号」に乗りかえる。左窓に富士山に似た秀麗な岩手山が姿を現わす。ここまで来ると、「みちのく」の旅の情趣が深まってくる。

右窓には、細まった北上川が寄りそっている。それをまたいで真新しい道路橋が架けられ、その先には工事中の大きな口径のトンネルが見える。東北自動車道の八戸《はちのへ》分岐線の工事である。八戸と北海道の中枢部《ちゅうすうぶ》の苫小牧《とまこまい》とはフェリーが九時間で結んでいるので、この自動車道が完成すると青函トンネルの強敵になりそうに思われる。

特急電車は十三本木峠《じゅうさんぼんぎ》を越えて北上川から馬淵川《まべちがわ》の水系に入り、八戸、三沢を過ぎて野辺地《のへじ》に停車。ここからも函館へのフェリーが出ている。

右に陸奥湾《むつ》が広がる。その向うに下北半島の山々が望まれる。あのなかに「イタコの口寄せ」で名高い火山地獄の霊場恐山《おそれざん》がある。恐山は二度訪れたことがあるが、生と死の境目のような摩訶不思議《まかふしぎ》なところで、何度でも行ってみたいと思う。同行の栗原さんに訊《たず》ねると、恐山に行ったことがないという。帰途に寄ってみましょうと約束する。青函トンネルは西側の津軽半島を選んだが、東の下北半島のほうが地勢がけわしく、火山や温泉もあって旅行者には魅力がある。

海底トンネルのルートも下北半島経由のほうが距離が短いし、観光客の誘致も期待できるのだが、下北半島側の海峡は水深が三〇〇メートルにも及んで津軽半島側より一五〇メートル以上も深く、火山脈もあってトンネルを掘りにくい。それで、遠回りながら水深が浅く、地質も無難な津軽半島経由が選ばれたのであった。

下北半島が視界から消えて、陸奥湾の中央に小さく突き出た夏泊《なつどまり》半島の基部を横切る。北へ北へと向ってきた東北本線の線路は夏泊半島を横切るときは西へ、そして浅虫温泉を過ぎると西南、ときには南へと向う。青森に行くためだが、回りくどいルートではある。

ふたたび陸奥湾の岸に出ると、右前方に青森市のビル群と港湾施設が見えてくる。その北へと長くつづく陸影は津軽半島である。下北半島にくらべると地勢は穏やかだが、先のほうには、かなり高い山が海からそそり立っている。

広い操車場を左に眺《なが》めながら線路は右へ、つまり北へとカーブして、15時10分、青森駅の5番線に着いた。三面あるホームのいちばん西側である。市街地側の駅舎と青函連絡船の岸壁とを結ぶ青森駅のホームは長く、いずれも三〇〇メートル以上ある。

かつては、列車が着くと荷物を持った客たちがいっせいに連絡船乗船口の階段へ向って駆けていったホームだが、いまはそうした光景は見られない。

その長大なホームの6番線に15時25分発の津軽線の三厩《みうまや》(1)行が入線していた。ディーゼルカー五両で、ローカル線にしては長い編成だが、ホームはその三倍もあるので小ぢんまりとした列車に見える。

三厩行の車内は男女の高校生で賑《にぎ》わっていた。ローカル線の主要な客は安い定期券の中高校生と車を運転できないおばさんや老人、というのが現状である。私たちは初老のおじさんの向いに席を見つけて坐《すわ》った。

定刻に発車。海へ向って突き出たホームなので、進行方向は南。東北本線から乗り継いだ客にとっては逆方向への発車である。青函トンネルが開通して直通列車が走るようになれば機関車のつけかえなどの不便が生じるため、青森駅の移転問題が都市計画の俎上《そじょう》にのぼっており、新駅の候補地も決定しているという。しかし、青森市の中心街は現在の駅を起点として東へ延びる新町通りで、もし駅が引越すとどうなるか。ひと悶着《もんちゃく》は免《まぬが》れないだろう。

津軽線の五両のディーゼルカーは、右へ右へとカーブして進行方向を南から北へと変える。市街地を出はずれると、あたりはローカル線らしい鄙《ひな》びた風景となって、油川《あぶらかわ》という小駅に停車する。

「墓地のなかに駅があるみたいですね」

と栗原さんが言う。駅と寺と墓地とが境の柵《さく》もなく同居しているのである。東北新幹線、電化複線の東北本線、そして細々としたローカル線の津軽線。その格差は紛れもない。

最初の停車駅の油川で、はやくも高校生たちが下車しはじめ、つぎの津軽宮田でも降り、三つ目の奥内《おくない》では、どっと降りて、たちまち車内は閑散となった。奥内は青森から一一・五キロで、終点の三厩までは、まだ四四・三キロもある。青森を発車したときは五両が適当と思われたが、たちまち一両か二両で十分という乗車率だ。

最後尾に立って過ぎていく線路を眺める。黒変した古い枕木《まくらぎ》と細いレールの単線。こんな線路の上に札幌行の寝台列車やカートレインを走らすとしたら！　どうするつもりなのか。青函トンネル問題懇談会の最終答申は津軽線の線路改良を含む三つの方策を列挙し、政府の決断に委ねているが、この津軽線の弱々しい線路を見れば、結論は明らかなように思われる。

線路は津軽半島東側のまっすぐ北へと延びる海岸線に沿っている。小さな漁村と廃屋のような番屋が過ぎて行く。その海岸線との間に道路がある。旧松前街道の国道二八〇号線だが、国道にしては道幅が狭く、通る車も乗用車か小型のトラックである。

蟹田《かにた》着16時16分。松前街道の宿駅だったところで、沿線第一の漁港町である。残っていた客のほとんどが下車する。時刻表を見ると、蟹田止りで折り返す列車が一日四本あるが、肯《うなず》ける。

蟹田で四分停車し、その間に後部の二両が切り離されて三両になる。乗る客も少しはいたが、三両ではもったいないような乗車率である。ローカル線のさらにローカル線といった趣きになり、汽車旅好きにはこの上ないが、今回ばかりは「青函トンネル問題」を抱えての旅なので、津軽線や国道の脆弱《ぜいじゃく》さが気にかかる。

線路は海岸から離れて山間《やまあい》に入り、五分で中小国に停車。人家のない淋《さび》しい駅だが、すでに述べたように「津軽海峡線」工事の本州側起点として白羽の矢を立てられたところである。この先に峠越えがあり、津軽線は曲りくねりながら急勾配《きゅうこうばい》を上っている。青函トンネルに接続するにはあまりにお粗末な路線なので、ここからを「津軽海峡線」にしたのであろう。いまにして思えば、この中小国でなく、青森から函館までを新線計画にすべきであった。

突然、プレハブの飯場が現われた。つぎに真新しいコンクリートの築堤。それが大きな口径のトンネル入口へつながっている。クレーン車もある。のどかなローカル線の旅の夢を破る車窓の変異だ。

「やっぱりやってますな」

と思わず私。

「なるほど」

栗原さんも肯く。

が、工事はトンネルのなかへと消え失《う》せ、こちらのローカル列車は、ふたたび山間を行く。線路際《ぎわ》の雑木の葉をかすめながら右へ左へとカーブしながら、ゆっくりと上る。短いトンネルを抜けて下りとなり、ディーゼルカーの速度が上がると、また真新しいコンクリートが右窓に現われ、頭上を高架橋でまたぐ。そして、たちまちトンネルへと消える。

16時54分、今別《いまべつ》に着く。津軽半島の北岸にある町で、残っていたわずかな客のほとんどが下車する。

この今別駅の西方三キロの地点に青函トンネルの入口がある。ここから地中にもぐって一〇〇〇分の一二の勾配を下り、一三・五五キロを走って竜飛岬の直下一二〇メートルに達し、いよいよ海底へと進むわけである。青函トンネルは海底部は二三・三〇キロであるが、前後の陸上部のトンネルを含めると五三・八五キロに及ぶ。

橋とちがってトンネルは、海峡部分だけというわけにいかないことはわかるが、その前後に三〇キロものトンネルを掘らねばならぬとは驚かされる。

津軽線の終点三厩には17時04分に着いた。駅名の訓《よ》みは「みうまや」だが、地名は「みんまや」である。[2] 駅名は鉄道公報での発表、地名は旧内務省や現自治省への届出で決まるために、こうした例は「あさひかわ」（市名）と「あさひがわ」（駅名）など、少なくない。[3] 訓みはとにかく、「三厩」の地名の由来は本州の北端にふさわしい。歴史上の義経《よしつね》は平泉で終りだが、伝説の義経は、この地から三頭の竜馬《りゅうめ》の導きで北海道へと落ちのびた、となっている。三頭の竜馬のいたところ、つまり三馬屋＝三厩だという。

三厩は十数年前に来たことのある駅だが、印象はさして変らない。青函トンネル工事の本州側の最寄駅として活況を呈しているかと思っていたが、あのときとおなじような淋しいローカル線の終着駅である。もっとも、青函トンネルは、この下を深く潜っているわけであるし、工事も九分どおり終っているのだから、三厩が賑わうことはないのだろう。

駅前には竜飛行のバスが待っていた。発車は17時10分で、列車に接続しているのだが、乗り継いだ客は私たちを含めて五、六人で、先客のほとんどは地元のおばさんばかりであった。

バスの車内は津軽弁が飛び交う。鹿児島弁とともに本邦屈指の難解な方言だから、ほとんどわからない。

竜飛への道は山が海に迫って狭く、バス一台がやっと通れるような箇所が随所にある。岬《みさき》を掘り抜いたトンネルでは対向車の有無を確認するために入口で一時停車する。

そんな道だが、山側にはトタン屋根の民家が張りつき、岩礁《がんしょう》の海辺には網や海草が干してある。ウミネコが舞い、トンビが餌《えさ》を漁《あさ》りながら旋回している。海に突き出た岩の上には祠《ほこら》があり、波しぶきを浴びている。

津軽弁のおばさんたちは、つぎつぎに降りて、一五分も走ると、バスの客は私たちのほかに数人になった。終点の竜飛までは、まだ三〇分ほどかかる。もう崖下《がけした》の道がつづくばかりで、民家も番屋もない。

夕暮の空には、古綿のような灰色の雲が蟠踞《ばんきょ》していて、北海道の陸影は見えない。本州の北端は北海道南部より淋しく、素寒貧《すかんぴん》としているとの印象は訪れるたびのことだが、今回も変らない。この先に青函トンネル工事の基地が本当にあるのだろうかと、信じられないような気持になってくる。

太宰治《だざいおさむ》の『津軽』には、このあたりの情景が記されている。昭和一九年、季節は私たちとおなじ五月下旬、友人と二人での三厩から竜飛への旅の記録だが、もとよりバスなど通じていない時代であった。

二時間ほど歩いた頃《ころ》から、あたりの風景は何だか異様に凄《すご》くなって来た。凄愴《せいそう》とでもいう感じである。それは、もはや、風景でなかった。（中略）大洋の激浪や、砂漠《さばく》の暴風に対しては、どんな文学的な形容詞も思い浮ばないのと同様に、この本州の路《みち》のきわまるところの岩石や水も、ただ、おそろしいばかりで、私はそれらから眼《め》をそらして、ただ自分の足もとばかり見て歩いた。（中略）もう少しだ。私たちは腰を曲げて烈風に抗し、小走りに走るようにして竜飛に向って突進した。路がいよいよ狭くなったと思っているうちに、不意に、鶏小舎《とりごや》に頭を突込んだ。一瞬、私は何が何やら、わけがわからなかった。

「竜飛だ」とN君が、変った調子で言った。

「ここが？」落ちついて見廻《みまわ》すと、鶏小舎と感じたのが、すなわち竜飛の部落なのである。兇暴《きようぼう》の風雨に対して、小さい家々が、ひしとひとかたまりになって互いに庇護《ひご》し合って立っているのである。

六時すこしまえ、終点の竜飛に着いた。

数隻《すうせき》の漁船が堤防内に舫《もや》い、民家や雑貨店が崖を背にして寄り集まっている。太宰治が訪れた頃とは比較にならぬほどひらけているのだろうが、やはり北の果ての寒村だ。青函トンネル工事の基地は、この崖の上の平坦地《へいたんち》に設けられており、鉄道建設公団の専用道路が三厩から尾根伝いに通じているので、竜飛の集落とは無縁らしい。世紀の大工事の基地と至近距離にあるのに、その槌音《つちおと》は響いてこない。

五月下旬というのに風が冷たい。東京からやってきた身には、冬への逆戻《ぎゃくもど》りだ。バスから下車した私たちは、思わず襟《えり》を合わせた。

しかも、今夜の宿が見当らない。「ホテル竜飛」というのを栗原さんが予約しておいてくれたのだが、それらしき建物がない。民宿が二、三軒、眼につくだけである。

通りがかった女子高生に訊《たず》ねてみると、

「この上です」

と崖上を指さす。しかし、そそり立つ崖とジグザグの小径《こみち》があるだけで、旅館どころか一軒の民家もない。

「歩いて、どのくらいかかるの？」

「三〇分か四〇分です」

事もなげに答える。驚く私たちを尻目《しりめ》に、女子高生は風に吹かれながら、海辺の道を立ち去った。

すでに夕暮は迫り、海風は冷たい。崖の細道を三〇分か四〇分登るのもシンドイが、途中で日が暮れてしまいそうだ。

——三厩に着けば、すぐ竜飛行のバスがある。これはぐあいがよい。

——本州の北の果ての「竜飛」というイメージと「ホテル」の取り合わせがおもしろい。漁村の宿らしく、うまい魚を食わしてくれそうですな。

などと、のんきなことを言いながら来たのだが、おなじ竜飛でも、漁村とトンネル工事の基地とは別で、「ホテル竜飛」は工事基地に密着した宿なのだ。そうにちがいない。

遅ればせながら納得して、ホテル竜飛に電話をかけた。

しばらくすると、ホテルの車が迎えに来てくれた。バスで来た道を引き返し、どこまで戻る気かと心配しはじめたころ、車は右折して急坂《きゆうはん》を登りはじめた。眼下に夕暮の海峡が広がった。

迂回《うかい》して上った崖上は、あの竜飛の寒村とは別世界であった。ゆるやかに起伏する丘に鉄塔や宿舎が建ち並び、機材が置かれて、知らなければ何の工事現場だか見当がつかない。「ホテル竜飛」は、その一隅《いちぐう》の、やや小高いところにあった。鉄筋コンクリートの立派な建物である。

夜半に風と雨の音で眼を覚ます。カーテンを開けると、電柱の裸電球をかすめて、雨が横に降っている。路傍の草は地を払いながらなびいている。風の強いところとは聞いていたが、まるで台風の通過だ。海底トンネルの見学に来たのだから、地上の風雨とは無関係であるし、それゆえにこそ青函トンネルの効用があるわけだが、厳しい自然だ。吹雪の季節は、どんなだろうと思う。

もうひと眠りすると、雨はやんでいた。風だけは依然として強い。

午前八時まえ、鉄道建設公団青函建設局次長の玉木稔さんと、竜飛建設所副所長の井口洋徳さんとが迎えに来てくださった。

玉木さんは樽見《たるみ》線のルポの際に案内していただいたので、四年ぶりの再会である。あのときは名古屋支社勤務だったが、青函建設局に移られたのであった。玉木さんはトンネル掘りの専門家である。

建設所に立ち寄って、作業服に着替え、長靴《ながぐつ》をはき、ヘルメットをかぶり、首にタオルを巻く。こういう変装は楽しい。技術者か労務者に化けたような気分になる。

お二人に案内されて地底にもぐるエレベーターの乗り場へと向う。

さすがに大きな建設基地で、歩いてみるとその広さに驚かされる。だが、閑散としていて、人影がない。

「本坑が全通しましたし、ほとんどの作業員は引揚げてしまったのです。宿舎も大半は撤去されました」

と、玉木さんが言う。そして、

「こんな崖の上に平坦地があるのを不思議だと思われるでしょうが、掘り出したズリ（岩や土砂）で谷を埋めたので平らになったのです」

と、つけ加えた。

掘削によって運び出されたズリの処理は、トンネル工事の難題の一つだが、青函トンネルの場合は長さ五三・九キロ、先進導坑や作業坑があるうえに本坑の口径は新幹線用で太いから、そのズリの量は従来のトンネルとは比較にならないほど多い。掘り出したズリは六三三万立方メートルにも及び、東京の霞《かすみ》が関《せき》ビル級の容器で一二杯分にも相当するという。このズリは、基地建設のために谷を埋め、隣接する小泊《こどまり》村までトンネルを掘って捨て、また一部は三厩村と北海道側の福島町の海岸埋立てに使われて、これによって一万八三〇〇平方メートルの陸地が生れた。この「新領土」はコンブ干し場、漁家の二男、三男用の宅地となり、三厩村には体育館やテニスコートがつくられた。

ついでに青函トンネル工事にまつわる「数字」を記すと、使われたコンクリートは一七三万立方メートル（吹付を含む）で、掘った穴の四分の一以上をコンクリで埋めた計算になる。このほかに地盤に注入した「セメントミルク」が八五万立方メートルもある。使用した鋼材は一七万トンで東京タワー四二基分、火薬は二八六〇トンで両国の花火大会の数百回分に相当するという。これらは青函トンネルだけの数字なので、「取付部」を加えればさらに増え、ズリが一〇〇〇万立方メートルに達する。
湧水《ゆうすい》の処理も大変だ。海底トンネルなので、地層の隙間《すきま》を通って大量の海水がしたたり落ちてくる。これに作業用の淡水も加わる。これらをポンプで地上へ汲《く》み出すのだが、その量は一時間あたり最大二二〇〇トンにも及ぶ。しかも、ヘドロを含んでいるし、また湧水防止の注入剤を使用するのでpH《ペーハー》が高い。これをそのまま海に流したのでは漁業に支障をきたす。そこで「クラリファイヤー」という排水処理装置を設けてヘドロと水を分離し、さらに炭酸ガスによってpHを調整し、海へ還元している。

竜飛建設所から地底の工事現場へは三本の穴が通じている。建設開始時にくらべると、その役割は若干変ってきているが、現状はつぎのごとくである。
1、斜坑。作業坑と先進導坑に通じ、ズリの搬出用のベルトコンベアーや排水管がある。現場への送風坑も兼ねており、入口には送風機室がある。
2、立坑。作業坑へ垂直に通じ、人や機材を運ぶためのエレベーターがある。排気坑を兼ね、入口には排煙機室がある。
3、ケーブル斜坑。作業坑へ通じる。電気関係のケーブル用の細い斜坑。

いよいよ、地底へ向う。

竜飛工区立体略図

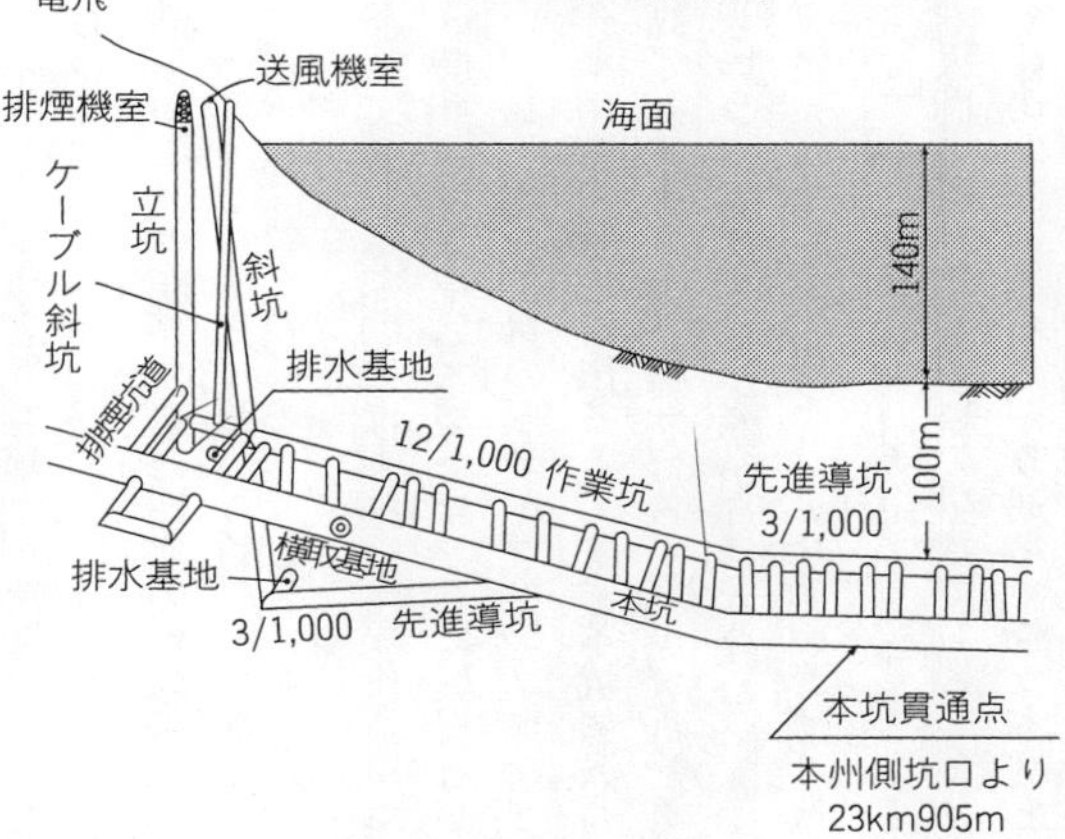

立坑のエレベーターは武骨なものだった。鉄の檻《おり》のなかに招《しょう》じ入れられ、ブザーが鳴ると、二重の鉄柵扉《てつさくとびら》がしまり、ガクンと衝撃があって、硬い感触で降りはじめた。エレベーターの好きな人間はいないのではないかと思うが、これに乗らなければ青函トンネルは見られない。覚悟を決め、栗原さんと顔を見合わせる。

立坑の深さは一九五メートルある。入口が海抜七五メートルの崖上にあるので、それほど深く潜らなければならないのだ。

腕時計の秒針を眺《なが》める。不安感をまぎらすには、これがいちばんよい。進みの遅い秒針を睨《にら》んでいるうちに、意外に早く、一分二五秒で地底の終点に着いた。

蛍光灯《けいこうとう》に照らされた水たまりやセメントをまたぐと、軽便鉄道のレールが三本あり、小型のバッテリー車と「客車」が待機していた。客車は厳重な金網窓が張られ、護送車のようであった。

青函トンネル工事では三四人の殉職者を出している。そのうち作業用車関係の事故が一六人で、もっとも多く、窓から顔を出したために機材や岩に頭をぶつけて亡《な》くなった人が少なくないという。

詰めて坐《すわ》れば二〇人は乗れそうな作業用車の客は、私たち四人だけであった。

8時46分に発車。大型トロッコに屋根をかけたような客車だから、乗心地がよいとは言えない。レールの継目の振動がゴツンゴツンと脳天に伝わってくる。

作業用車の基地を出ると、すぐ本坑に入った。

高さ九メートル、幅一一メートル。新幹線の複線用として設計された大口径で、すでに真新しいコンクリートが巻かれ、それが側壁に並ぶ蛍光灯に映えて、秘密宮殿の回廊のようだ。蛍光灯でなく、シャンデリアを下げてみたいような雰囲気《ふんいき》がある。

その回廊をバッテリー列車はゴトン、ゴツンと走る。もちろん速くはない。時速一二キロ、人間の駈《か》け足《あし》ぐらいの早さである。

対岸の北海道側から掘り進んできた本坑との貫通地点までは約一一・五キロあり、私たちはそこまで往復させてもらう予定なのだが、片道で五〇分かかるという。

半分までしか行けないのに五〇分とはまだるっこしいが、それ以上のスピードは危険だろ

標準断面図

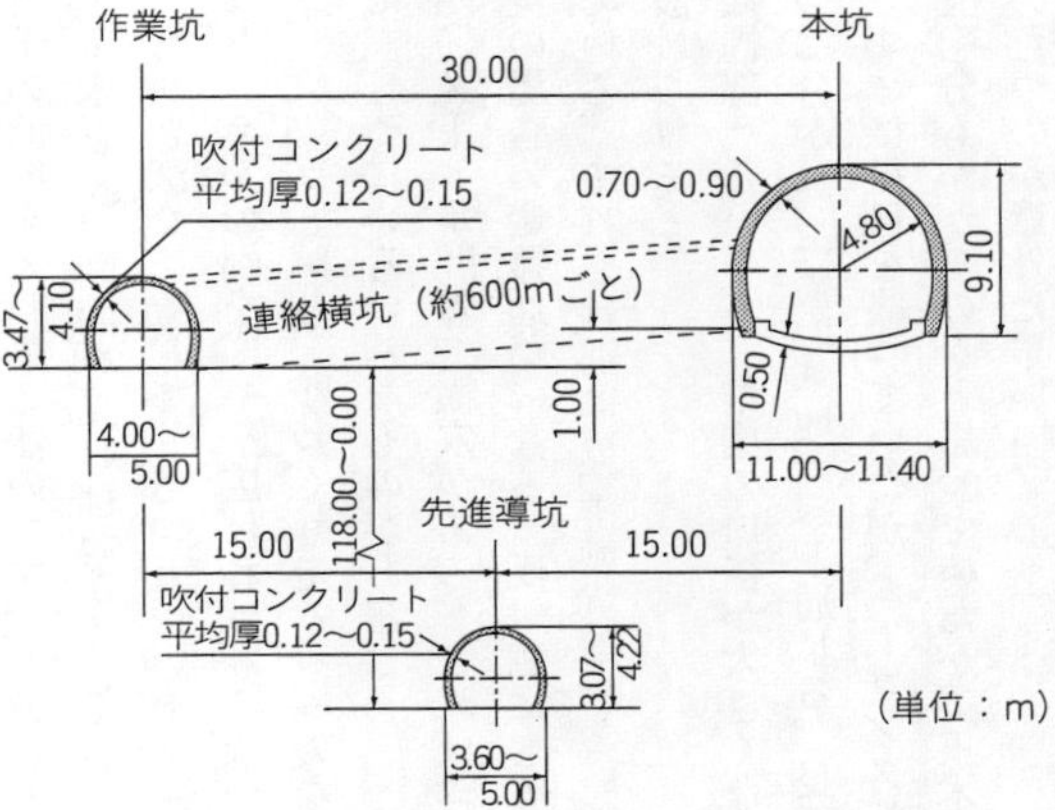

う。すべての坑道が貫通して大半の作業員が引揚げたとはいえ、軌道工事その他に従事する人たちが、そこここで働いている。バッテリー車の運転士もデッキに立って前方に眼《め》をこらしている。

一〇〇〇分の一二の勾配《こうばい》で下っているはずだが、ほとんど傾斜は感じられない。

「ここから海底区間になります」

玉木さんが教えてくれる。

「そうですか」

と答えるほかない。堂々たる大口径のコンクリートの筒が先へとつづくばかりだ。

だが、前方を見渡すと、蛍光灯に照らし出された本坑が、左へカーブしている。

「海峡の底が曲った馬の背のようになっていましてね。できるだけ浅いところを通るために若干の曲線を入れているのです」

と玉木さん。図面を見ればわかることだが、海底だからといって一直線に掘ろうとすれば、もっと深く、そして、もっと長いトンネルになってしまう。そのかわり、カーブの区間ではトンネルの幅を、やや広げねばならないという。それは当然だろう。

ゴツン、ゴトンと、ゆっくり走るハコのなかから金網を通して左右を眺めると、本坑のほかに、じつにいろいろなものがある。

四〇メートル間隔で横穴がある。これは約二〇メートルで前記の「作業坑」に通じ、列車火災の場合の避難通路になる。反対側にも等間隔の横穴があり、これも別の避難通路へと通じている。それとは別に、「排煙坑道」というものもある。本坑内にも「水噴霧消火設備」が設けられるという。

「拡幅部」といって、本坑の口径が大きくなる箇所があり、ここでトンネルと工事用線路が二つに分かれ、「横取《よこどり》基地」へと通じる。長大なトンネルなので、そうした基地が必要なのだ。すでに役目を終っていたが、「生《なま》コンクリート工場」もあった。

五〇分もかかるのかと思っていたが、玉木さんの説明を聞きながら左右を見ていると、時間のたつのが意外に早い。

「いま、どのへんまで来たのでしょう」

「海面下一〇〇メートルぐらいの海底のその下あたりでしょう。本坑は海底からさらに約一〇〇メートル下ですから、二〇〇メートルぐらいでしょうか」

実感などあるはずもないが、そんなところを走っているのかと思う。

「この付近で異常出水がありましてね」

異常出水は昭和五一年五月六日の吉岡工区側の毎分八〇トンが最大だが、その他にも幾度も大量の出水があったという。そんなときは、この工事、ほんとうに完成できるのかとの不安に襲われたそうだ。なにしろ青函トンネルが通過する海底の最深部は一四〇メートルもあり、そこからさらに一〇〇メートルの割れ目をつたって湧出《ゆうしゅつ》してくる水圧は、一平方センチあたり二四キログラムにもなるという。信じがたいほどの水圧で、トンネル工事上、前例がない。

しかし、技術者たちは対応した。

トンネル工事は「経験工学」と言われる。先進ボーリングなどで十分に調査したつもりでも、予想外の難関に逢着《ほうちゃく》する。そこでヘコタレてはならない。高コロイドセメントという「ミルク」を開発し、水圧の三倍以上の圧力で割れ目に注入したのである。これが青函トンネルの成否の鍵《かぎ》であったと言えるだろう。研究、開発をすすめながらの工事、それがトンネルなのだ。「トンネルは生きもので、こちらの思うようにならない。相手の出方を見きわめながら、新しい技術を開発し、なだめすかしながら」というのが、トンネル技術者の哲学になっている。

そうした困難を克服して、先進導坑はもとより、本坑も貫通した。両側から掘り進んできた先進導坑が貫通したとき、そのズレが、わずか一九ミリだったという話は、われわれ素人《しろうと》には感服のほかないが、いま、こうして貫通した本坑を走っていると、後悔の念も湧《わ》いてくる。トンネルは貫通するとスポットを浴び、私などが見学に来るが、ほんとうに青函トンネルの工事を見たいのなら、掘削中だったのではないか、との悔いである。

9時39分、バッテリー車が停《と》まった。真新しいセメントの臭《にお》いが満ちている。前方に頑丈《がんじょう》な金網があり、線路が遮断《しゃだん》されている。ここが海面下二四〇メートルの最底部のすこし手前で、北海道側の吉岡工区と本州側との境目である。つい二ヵ月まえの三月一〇日、両側から掘り進んできた本坑が手を結び、盛大な貫通式がテレビで放映されたのは、この地点であった。

わずかに風が吹いてくる。北海道の風であろう。

金網の向うにもレールがあり、バッテリー車がある。あれに乗れば北海道へ抜けて、はじめて「青函トンネル」の存在を実感できるのだが、それは許されない。

じつは、見学を申しこんだ際、通り抜けさせてもらえないかと頼んだのだが、不可であった。立ちはだかった金網に象徴されるように、吉岡と竜飛、二つの工区は厳として区分されている。建設史を見ても二つの工区は、それぞれ独自のトンネルを掘っているかのごとき観がある。

「どうして、こんな金網で遮断するのですか」

と私は訊《たず》ねた。

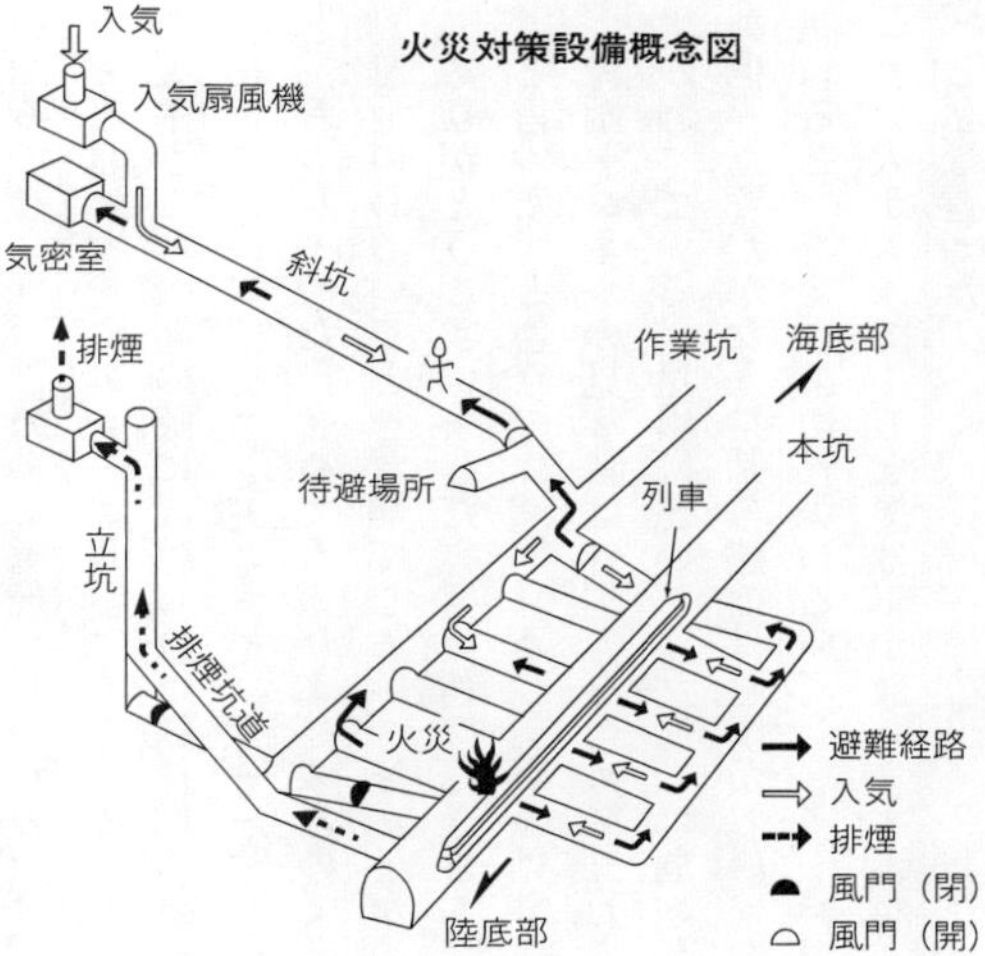

「やはり開業以前に北海道と本州とを自由に通行させるわけにはいきませんので」
と玉木さん。部外者には理解しにくい話だが、通り抜けを認めると、工事中のトンネルが「交通機関」になってしまうという許容できない事情もあるようだ。通り抜けを許されたのは運輸大臣と、それに準じる重要人物だけだという。
「でも、ここが津軽海峡の真下だと言われましてもね、正直なところ本当かな、という気持がします。向うへ抜けてこそ、はじめて青函トンネルだと思い知るでしょう。このまま竜飛へ戻《もど》ったのでは、炭坑に入ったのとおなじで……」

と私は駄々《だだ》をこねた。お世話になりながら我《わ》が儘《まま》なことだが、実感と本音であった。

玉木さんは金網の脇《わき》に設けられた鉄枠《てつわく》扉の鍵を開け、私たちを吉岡工区側へ招じ入れてくれた。これは異例のことだそうで、「ここからが北海道側です。これで我慢してください」と、おっしゃった。せめてものサービスなのであろう。感謝せねばなるまい。

意地のわるいことを言ってしまい、気がとがめたので、私は話題を変え、

「ありがとうございました。男冥利《みょうり》に尽きます」

と言った。というのは、トンネル工事の見学は女人禁制だと聞いていたからであった。

青函トンネルの見学者は外国人を含めて三万人に及ぶという。しかし、女性は皆無、すべて断わっている。足場は悪いし、女性には危険だということもあろうが、トンネル掘りは男の世界だ。だが女人禁制の建前はむずかしい。なんて言って断わるのですか、と玉木さんに訊ねると、答えの歯切れがわるい。

「女の人が入ってくると男は気が散りますよね。そうすると、トロッコにはねられる」

と私は言った。

「そうです、そうです。安全第一ですから」

玉木さんが温顔をほころばせた。そして、

「女の人がトンネルに入ると大事故が起るという言い伝えもありましてね」

と、つけ加えた。

見学禁止といえば、ソ連の人にも見せていないそうだ。青函トンネルの効用について論じられるなかには「国防」の要素が入っている。

もうひとつ、青函トンネルならではと思われるものに「公海」問題がある。日本の領海法では津軽海峡を海岸から三海里（約五・五キロ）としている。ところが青函トンネルの海底部は二三・三キロもあるので、差し引き一二キロ余が「公海」になってしまう。公海下の資産の取扱いは前例がなく、固定資産税、警察の管轄《かんかつ》、裁判権などについて自治省、内閣法制局などが頭を痛めているそうだ。どうでもよいようなことだが、やはり青函トンネルは偉大ではある。

帰途は、幾度もバッテリー車を停めてもらい、途中下車して避難通路、横取基地、作業坑、先進導坑などを見た。それぞれ私には理解しがたい諸設備が多く、これほどまでにしなければいけないのかと感嘆したが、先進導坑を滔々《とうとう》と流れる海水の量には驚かされた。天井には早くも「セメントの鍾乳石《しょうにゅうせき》」が下がっていた。

本坑は開通したが、青函トンネルの完成までには、あと二、三年かかる。路盤工事やレールの敷設《ふせつ》、電気や信号通信関係など、残された作業は少なくない。電気は二重系とし、さら

列車番号			11M		4001		103		1001M	2001M		1005M		1007M		1009M		1015M		1021M
列車名			はくつる		日本海1号		急行 とうや	あおば 271	はつかり1号	いなほ1号	やまびこ 1	はつかり5号	やまびこ 3	はつかり7号	やまびこ 5	はつかり9号	やまびこ 7	はつかり15号	やまびこ 9	はつかり21号
上野	…	…	2200	…	…	…	2050	…	…	…	740	…	840	…	940	…	1240	…	1540	…
宇都宮	…	…	2330	…	…	…	‖	…	…	…	823	…	レ	…	1023	…	1323	…	レ	…
水戸	…	…	‖	…	…	…	2230	…	…	…	‖	…	‖	…	‖	…	‖	…	‖	…
福島	…	…	レ	…	…	…	‖	…	…	…	レ	…	1008	…	レ	…	1408	…	レ	…
仙台	…	…	レ	…	…	…	305	704	…	…	934	…	1034	…	1135	…	1434	…	1734	…
大阪	…	…	‖	…	1800	…	‖	‖	…	…	‖	…	‖	…	‖	…	‖	…	‖	…
金沢	…	…	‖	…	2130	…	‖	‖	…	…	‖	…	‖	…	‖	…	‖	…	‖	…
新潟	…	…	‖	…	‖	…	‖	‖	…	630	‖	…	‖	…	‖	…	‖	…	‖	…
秋田	…	…	‖	…	550	…	‖	‖	…	1020	‖	…	‖	…	‖	…	‖	…	‖	…
盛岡	…	…	435	…	‖	…	540	821	…	‖	1025	…	1125	…	1226	…	1525	…	1825	…
盛岡	…	…	437	…	‖	…	550	…	835	‖	…	1035	…	1135	…	1235	…	1535	…	1835
八戸	…	…	550	…	‖	…	727	…	952	‖	…	1152	…	1252	…	1352	…	1652	…	1952
青森	…	…	655	…	850	…	855	…	1102	1255	…	1302	…	1402	…	1502	…	1802	…	2102
青森	…	…	700	…	900	…	905	…	1105	…	…	1305	…	1405	…	1505	…	1805	…	2105
新青森	…	…	レ	…	レ	…	レ	…	レ	…	…	レ	…	レ	…	レ	…	レ	…	レ
新函館	…	…	レ	…	レ	…	レ	…	レ	…	…	レ	…	レ	…	レ	…	レ	…	レ
函館	…	…	840	…	1045	…	1052	…	1245	…	…	1445	…	1545	…	1645	…	1945	…	2245
函館	710	800	…	900	…	1100	1110	1300	…	1310	1500	…	1600	…	1700	…	2000	…	…	…
東室蘭	‖	1031	…	1131	…	1331	‖	1531	…	‖	1731	…	1831	…	1931	…	2231	…	…	…
苫小牧	‖	1114	…	1214	…	1414	‖	1614	…	‖	1814	…	1914	…	2014	…	2314	…	…	…
千歳空港	‖	1135	…	1235	…	1435	‖	1635	…	‖	1835	…	1935	…	2035	…	2335	…	…	…
小樽	1108	‖	…	‖	…	‖	1600	‖	…	1708	‖	…	‖	…	‖	…	‖	…	…	…
札幌	1140	1210	…	1310	…	1510	1640	1710	…	1740	1910	…	2010	…	2110	…	010	…	…	…
列車名	特急 1号北海	3号北斗		5号北斗		7号北斗		9号北斗		特急 3号北海	11号北斗		13号北斗		15号北斗		17号北斗			
列車番号	21D	3D		5D		7D		9D		23D	11D		13D		15D		17D			

「連絡早見表」なので省略した。この形式は日本交通公社の「時刻表」巻頭の「連絡早見表」に従っている。

連絡早見表　本州→北海道

63・×・×改正

国鉄非監修　宮脇俊三作

東京からの営業キロ	列車番号	9101	9103		9111	9113		9179	9181		21		23	4001M	41		25	1
	列車名	青函カートレイン1号	青函カートレイン3号		青函カートレイン11号	青函カートレイン13号		青函カートレイン79号	青函カートレイン81号	やまびこ11	サッポロ1号	やまびこ13	サッポロ3号	特急 白鳥	おたる	やまびこ15	サッポロ5号	アカシア
3.6	上野発	…	…	…	…	…	…	…	…	1840	…	1940	…	…	…	2040	…	183
109.5	宇都宮〃	…	…	…	…	…	…	…	…	レ	…	2023	…	…	…	レ	…	‖
121.1	水戸〃	…	…	…	…	…	…	…	…	‖	…	‖	…	…	…	‖	…	200
272.8	福島〃	…	…	…	…	…	…	…	…	2008	…	レ	…	…	…	2208	…	‖
351.8	仙台〃	…	…	…	…	…	…	…	…	2034	…	2135	…	…	…	2334	…	234
	大阪〃	…	…	この間新青森発	…	…	この間新青森毎時	…	…	‖	…	‖	…	1205	…	‖	…	‖
	金沢〃	…	…		…	…		…	…	‖	…	‖	…	1510	…	‖	…	‖
333.9	新潟〃	…	…		…	…		…	…	‖	…	‖	…	1851	1900	‖	…	‖
590.4	秋田〃	…	…		…	…		…	…		…	‖	…	2240	2310	‖	…	‖
535.3	盛岡着	…	…		…	…		…	…	2125	…	2126	…		‖	2325	…	レ
	盛岡発	…	…		…	…		…	…	…	2140	…	2240	…	‖	…	2340	レ
643.2	八戸〃	…	…		…	…		…	…	…	2303	…	レ	…	‖	…	レ	レ
739.2	青森着	…	…	215	…	…		…	…	…	025	…	125	…	155	…	225	42
	青森発	…	…	315	…	…	15	…	…	…	030	…	130	…	200	…	230	43
741.7	(カ)新青森〃	015	115	415	515	545	45	2215	2315	…	レ	…	レ	…	レ	…	レ	レ
893.3	(カ)新函館着	200	300	…	700	730	発	000	100	…	レ	…	レ	…	レ	…	レ	レ
899.6	函館〃			…			…			…	215	…	315	…	345	…	415	61
	函館発	…	…	…	…	…	…	…	…	…	225	…	325	…	355	…	425	62
1089.1	東室蘭着	…	…	…	…	…	…	…	…	…	505	…	605	…	‖	…	705	90
1147.1	苫小牧〃	…	…	…	…	…	…	…	…	…	550	…	650	…	‖	…	750	95
1174.3	千歳空港〃	…	…	…	…	…	…	…	…	…	レ	…	レ	…	‖	…	813	101
1152.1	小樽〃	…	…	…	…	…	…	…	…	…	‖	…	‖	…	810	…	‖	‖
1185.9	札幌〃	…	…	…	…	…	…	…	…	…	650	…	750	…	845	…	850	105
	列車名																	
	列車番号																	

＊当面は「在来線（軌間1067ミリ）で開業」との方針で、昭和62年度内を目標に青森―中小国間、五稜郭―木古内間の軌道強化（単線）と電化がおこなわれているが、これでは肝心の「カートレイン」の効果が発揮されないので、新青森―新函館間は標準軌（新幹線とおなじ1435ミリ）とし、在来線と併用の3線軌条の複線として、この時刻表を作成した。カートレイン用の駅（新青森と新函館）は国道との接続の便を勘案して設置した。カートレインの速度が標準軌にしては遅いが、貨車に積んだトラックなどの締結に不安があるので在来線なみの速度にした。旅客用の青森駅については新設の計画があるが、とりあえず現在地のままとし、函館駅とともに列車を方向転換させることにした。なお、青森―函館間には各駅停車の区間運転電車が走るが、これは東京―札幌の

に停電に備えて発電所も設置するという。

とにかく待ち遠しいが、すべてが完成して列車が走るようになれば、乗客に縁があるのは本坑だけであろう。青森を発車して右窓の陸奥湾を眺《なが》めるうちに山間《やまあい》に入り、長短九本のトンネルが連続する「取付部」を過ぎると、青函トンネルに進入する。時速一二〇キロで走るとすれば、二七分で北海道側へ抜けてしまうが、トンネル内の二七分は退屈だろうと思う。これが世紀の青函トンネルだと知りつつも、何も見えない。よほど眼をこらさなければ各種の付帯設備には気づかないだろう。つくった人は苦心惨憺《さんたん》、乗る客は退屈というわけである。それでよいのであって、乗客が避難通路に立ち入るようなことがあっては大変だ。

トンネルを掘るのと、列車に乗って通過するのとは、別のことらしい。内橋克人《うちはしかつと》氏の『匠《たくみ》の時代』シリーズ（サンケイ出版→講談社文庫）は今日《こんにち》の日本の繁栄は技術者たちの力によるとの視点に立ってその知恵と努力と心情を描いた、すぐれた出版物だが、そのなかに、こんな会話が紹介されている。

「あんた、自分のつくったトンネル、汽車に乗って通ったことあるか？」

「うーん、そういえば、トンネルできたら、オレたちはもう用済みで、すぐまた次のトンネル掘りに渡っていくからなあ」

青函トンネルの見学は終り、私たちはエレベーターで地上に戻った。

「海の底にいたときは、すこし怖かったです」

と、栗原さんが正直なことを言った。

「同感ですよ」

そう言いながら、強風に茅《かや》がなびく竜飛岬《みさき》の灯台へ上った。断崖《だんがい》の下には、うず潮が波頭を風に吹きちぎられ、白波をたてながら流れている。竜飛岬は潮の流れの速いところだ。その向うに広い海峡があり、北海道南端の白神岬《しらかみみさき》が霞《かす》んでいる。

「いまさっき、あの海峡の真下まで行ったわけですな」

「信じがたいですね」

と栗原さん。

そのとおりだと思う。青函トンネルが開業して列車に乗って通り抜け、対岸から本州を遠望するまでは、信じられそうにない。

開業――一九八八年三月一三日

建設の途中で青函輸送の状況が変り、無用の長物だと工事中止や廃棄論まで現れた青函トンネルであったが、本文でも触れたように「青函トンネル問題懇談会」の妥当な答申もあって開業にこぎつけた。

開業後の青函トンネルは、もの珍しさや寝台列車「北斗星」の人気もあり、好況だったが、その後しだいに乗客が減ってきているという。「懇談会」の答申にもあるように、青森―函館間を標準軌にして大型トラック積載可能なカートレインを走らせ、青函トンネルを積極的に活用すべきだと思う。函館や渡島半島の活性化にもつながるのではないだろうか。

＊

青森から試乗列車に乗り、三〇分におよぶ青函トンネルをぬけて明るい大地に接したとき、私は、ここが本当に北海道なのだろうかと頰をつねりたい気がした。木古内《きこない》を過ぎ、弧を描いた海岸線の先に函館山を望むと、津軽海峡の下を列車でくぐってきたのだ、人間はなんと凄いことをするのかと感動した。反応が鈍いようだが、そうであった。

けれども、その後、幾度となく青函トンネルを通るにつれ、感動は観念になり、それに代って退屈がやってくるようになった。青函トンネルに進入するまでは待ち遠しいが、入ってしまうと退屈で、早く抜け出したくなるのである。誰しもそうだろう。トンネルとは、そういう宿命を負っているのだ。

私は北海道へ行く場合、片道だけは鉄道を利用するようにしてきたが、近頃は往復とも飛行機が多くなった。青函トンネルに申しわけないと思っている。

編集部注

（1）一九八五（昭和六〇）年に行われた取材のため、（2）の理由からルビを「みうまや」とした。

（2）津軽線三厩駅の駅名は、一九九一年に「みうまや」から「みんまや」に改称されている。

（3）ＪＲ北海道の旭川駅も、一九八八年に「あさひがわ」から「あさひかわ」に改称されている。

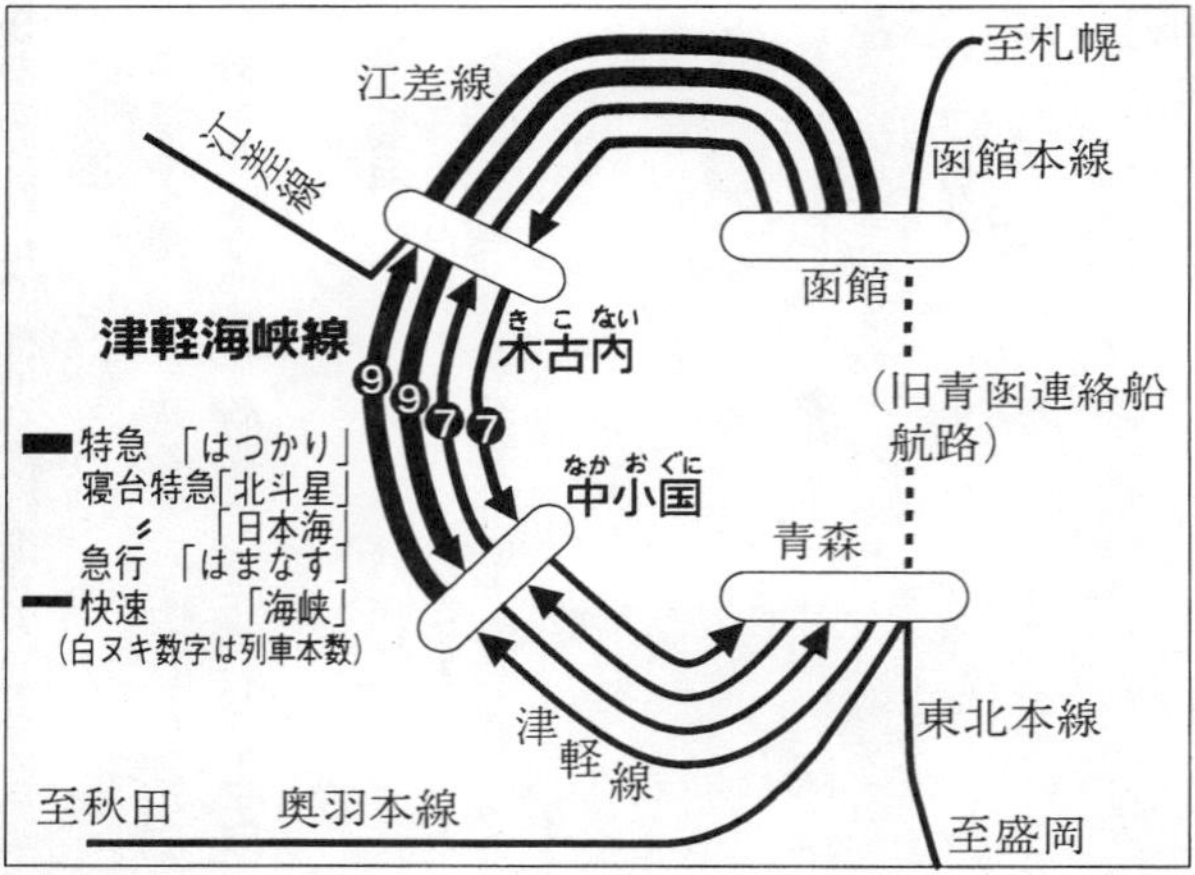
至札幌
江差線
江差線
函館本線
函館
津軽海峡線
木古内《きこない》
(旧青函連絡船
航路)
9
9
7
7
特急 「はつかり」
寝台特急「北斗星」
〃 「日本海」
急行 「はまなす」
快速 「海峡」
(白ヌキ数字は列車本数)
中小国《なかおぐに》
青森
東北本線
津
軽
線
至秋田
奥羽本線
至盛岡

「三陸鉄道」奮闘す

国鉄から見捨てられた赤字ローカル線を「第三セクター」方式で引き継いだ第一号会社として注目を浴びていた岩手県の三陸鉄道が開業してから一年、その初年度（昭和五九年度）の経営成績が明らかになった。

それによると、「初年度は九八〇〇万円の赤字を覚悟」の予測が一変して「三〇〇〇万円の黒字決算」。しかも、当初予定していなかった減価償却費などを六〇〇〇万円計上しての数字だから、予測を一億八八〇〇万円上回ったことになる。

国鉄の手を離れれば赤字が大幅に減少することは誰《だれ》しも予想できた。さらに「第一号への関心と支持」「地元のマイ・レール意識」「海の国立公園を行く観光路線の人気」「東北新幹線の開業」「去年の夏は猛暑で海水浴客が多かった」「今年の冬は雪が少なく、二〇〇〇万円を予定していた除雪費がそっくり浮いた」——等々の好条件が重なった。

それにしても目を見張るばかりの好転ぶりである。

三陸鉄道の母体となったのは旧国鉄の盛線《さかりせん》、宮古《みやこ》線、久慈《くじ》線の三線区、計六〇・四キロで、昭和五八年度には六億一四〇〇万円もの赤字を計上していた。それに「お荷物」と見られていた新線区間を四七・二キロも加えて開業したのだから、もし国鉄だったら赤字一〇億円に達したかもしれない。

それが第三セクターへ転じたゆえに一気に黒字に変じたのである。赤字ローカル線の廃止を突きつけられている全国の自治体が、三陸鉄道に熱い視線を注ぐのも当然であろう。

いったい「三陸鉄道」とは何なのか。とにかく現地を訪れて考えてみることにしよう。

四月一五日(昭和六〇年)、月曜日、7時00分。つい先月開業したばかりの真新しい上野地下駅から東北新幹線の「やまびこ33号」で出発。同行は写真家の藤居正明さん、「プレジデント」編集部の清丸《せいまる》恵三郎さんの二人である。

東北新幹線は上野乗入れを機に最高速度が時速二一〇キロから二四〇キロにアップされた。大宮乗換えの不便が解消されたうえにスピードアップしたので、上野—盛岡間を二時間四五分で快走する「やまびこ」も登場し、従来より一時間以上も短縮されている。乗客数も三割ほど増加したそうで、これも開業二年目の正念場にさしかかった三陸鉄道にとって幸運なことだ。

東京の桜は既に散り果てたが、時速二四〇キロで北へと向う東北新幹線の車窓は春を目まぐるしいほどの速さで逆戻《ぎやくもど》りさせる。——上野から四六分の宇都宮《うつのみや》は満開、一時間の那須塩原《なすしおばら》は五分咲き、一時間二〇分の郡山《こおりやま》では蕾《つぼみ》となる。それから先、眼をなごませてくれるのは梅の花だけで、春を待つ「みちのく」への旅だ。竹箒《たけぼうき》を逆さにしたような欅《けやき》の大木が寒々とした空を衝《つ》いている。

関東以西ならば春休みは行楽シーズンだ。しかし、東北地方は四月二〇日頃《ごろ》までシーズンオフである。せいぜいスキーと温泉ぐらいだろう。そのスキー場も温泉も三陸海岸にはない。観光バスや観光船が活発に動きだすのはゴールデン・ウイークからである。だが、その賑《にぎ》わいもわずか一週間か一〇日間にすぎない。そして閑散期の梅雨が来る。

夏は書き入れ時ではある。しかし一ヵ月が限度だろう。そのあとの紅葉期は東北地方に人気の集まる季節だが、三陸海岸は紅葉の名所に乏しい。陸中海岸国立公園内に敷かれた路線とはいえ、三陸鉄道の観光シーズンはごく短いのだ。しかるに黒字。観光客のせいではないな、との念が頭をかすめる。

仙台《せんだい》を過ぎて三〇分、右窓に北上川の穏やかな流れが現われて岩手県に入り、9時35分、一ノ関に着いた。

上野から一ノ関まで二時間半で到達できるとは、まったく便利になったものだと思う。

けれども、これから三陸鉄道までが厄介《やっかい》なのだ。

三陸鉄道に乗るためには、「南リアス線」の盛か釜石《かまいし》、「北リアス線」の宮古か久慈へ行かねばならないのだが、仙台から海岸線を行けば、入り組んだ沈降海岸にわざわいされて盛まで四時間以上を要する。八戸《はちのへ》から入れば線路も道路も比較的まっすぐだが、東京方面からの客にとっては遠回りになる。

とすると、一ノ関からの大船渡《おおふなと》線で盛を目指すか、花巻（または新花巻）からの釜石線で釜石へ、あるいは盛岡から山田線で宮古へという三つのルートが考えられるのだが、いずれも北上山地の中をくねくねと曲りながら行く鈍足路線で、どれを選んでも平均三時間近くかかる。上野から岩手県までとほぼ同じ時間を要するという関係になっている。しかも、運転本数が少なく、二時間か三時間に一本しか走らない。

かように三陸鉄道は不便な所にあるのだが、わずかながら便利な列車も運転されている。大船渡線の場合で言うと一ノ関発9時51分の快速「むろね」で、これに乗れば12時07分に盛に着くことができるのである。その次の列車は12時04分の鈍行で、盛着は15時01分になってしまう。私たちが早起きして上野発7時00分の「やまびこ33号」で出発したのは、一ノ関発9時51分の「快速」に乗るためであった。

もっとも、乗ってみれば貴重なる快速列車「むろね号」はディーゼルカー二両のみという小ぢんまりした編成で、乗車率も三〇パーセントぐらいであった。

予定どおり「快速」に乗れたのはよいのだが、この大船渡線は乗るたびに腹が立つ。東へ向うかと思えば北へ曲り、また南へと進路を変えて、三陸海岸へまっすぐ向おうとしないのである。

持参の岩手県の地図を開いていたカメラの藤居さんが、「ずいぶんおかしな走り方をする線ですね」と言う。この線の建設が決定したのは大正七年であるが、地元の有力者の栄枯盛衰のまにまに路線がねじ曲げられたのである。路線が鍋《なべ》の鉉《つる》のように迂回《うかい》しているので「ナ

ベヅル線」の異名があり、我田引鉄《がでんいんてつ》の典型とされている。

岩手県における我田引鉄といえば、盛岡から宮古への山田線を建設したのは宰相原敬《はらたかし》の力である。この線は北上山地の真ん中を横切るので人跡は稀《まれ》だ。それで野党の議員が、「かような所に鉄道を敷いて、いったい総理はサルでも乗せるつもりか」と、帝国議会で質問した。これに対し、原敬は平然と答弁した。

「鉄道法ではサルは乗せないことになっております」

この山田線は宮古からさらに南へと海沿いに延びて、線名となった山田（駅名は陸中山田）を通り、釜石に達している。この線があるために、三陸鉄道は「南リアス線」（盛―釜石）と「北《きた》リアス線」（宮古―久慈）に分断されるという格好になり、要員や車両などの運用上不便を来している。しかし、山田町は鈴木善幸氏の出身地であり、首相当時の氏が三陸鉄道の発足に熱心だったことが今日の成功につながっているという。早い者勝ちの助成金獲得や開業関係工事の迅速ぶりなどを指すらしい。

「ナベヅル線」を左往右往すること二時間、陸前高田《たかた》を過ぎると、ようやく右窓に三陸の海が現われた。突き出た岬《みさき》と深い入江が交錯するリアス式海岸で、列車は岬の根元をトンネルで抜けたり、崖《がけ》の上から青い海面を見下ろしたりする。景色は良いが難工事の区間だ。

三陸海岸といえば誰しも津波を想《おも》う。南米のチリあたりで起きた地震の波が直撃するうえに、リアス式海岸で湾口がラッパ状に開いているため、湾奥では津波の高さが何倍にもなってしまうのである。

津波に襲われれば、直接の被害だけにとどまらない。陸の孤島と言われたほど交通が不便なため、救援物資や食糧の輸送ができず、惨害をさらに大きくしてきた。

わが町や村に鉄道を、との願望は明治以来日本中を席捲《せっけん》してきたが、津波の惨害に悩まされる三陸沿岸地方では一段と強く切実なものであったという。

そうした切実な願いは戦争による中断を挟《はさ》みながらの遅々としたものではあったが、着々と実現し、昭和五二年一二月には、石巻線の前谷地《まえやち》から志津川《しづがわ》、気仙沼《けせんぬま》、陸前高田、大船渡（盛を含む）、吉浜《よしはま》、釜石、陸中山田、宮古、田老《たろう》、田野畑《たのはた》、普代《ふだい》、久慈、種市《たねいち》を経て八戸に至る「三陸縦貫鉄道構想」三四四・五キロのうち、その八六パーセントが開通し、残るは盛線の吉浜—釜石間一五・二キロと久慈線の田老—普代間三二・二キロのみとなったのである。

しかも、未開通区間の工事も進捗《しんちょく》し、昭和五五年度末にはトンネル、鉄橋はすべて完成、路盤、道床もほとんど工事を終り、レールも敷かれた。

けれども、悲願百年の夢が実を結ぶ直前で情勢が変った。赤字国鉄再建のために新線工事費が凍結されたばかりでなく、既設線のうち盛—吉浜、宮古—田老、普代—久慈の三区間が廃線指定を受けてしまったのである。

三陸縦貫鉄道だけではない。全国的規模で新線工事が中止され、既設線の廃止候補として第一次に四〇線区、第二次として三六線区が該当する基準が示されたのである。「我田引鉄」の長い歴史を顧みるとき、時代の変化と国鉄赤字の厖大《ぼうだい》さに改めて眼《め》を見張る思いだが、とにかく赤字ローカル線廃止を主眼とする国鉄再建法案は国会を通過した。

廃止基準に該当する赤字ローカル線を持つ市町村では、役場の建物に「××線廃止絶対反対」の横断幕を下げる。駅や沿線にも反対の看板を立てる。小学生に「僕《ぼく》たちの鉄道をなくさないでください」との絵を描《か》かして陳列する。「バス転換か」「第三セクターか」を論じるべく設定された対策協議会の開催にも応じない――。

その頃、つまり昭和五五年の秋から五七年の春にかけて、私はそうした工事中止や廃線指定線区のルポを、ある雑誌に連載していた。そのときの印象を一言《ひとこと》で言えば、廃線指定を受けた赤字ローカル線を抱える地方自治体の首長が、みな反自民党か労組の委員長に見えたことである。国鉄の大赤字の尻《しり》ぬぐいをわれわれにさせるのか、といきり立っていた。

そうしたなかにあって三陸地方の対応ぶりは異色だった。あっさりと「第三セクター」へ踏み切ったのである。

それを年表風に記すと、

昭和五五年一二月二七日　日本国有鉄道経営再建促進特別措置法施行。

昭和五六年四月一四日　関係市町村長会議において、久慈―宮古間、および釜石―盛間を第三セクターにより経営する方向で検討する旨《むね》の意見集約を行う。

昭和五六年五月一二日　同区間を第三セクターで経営した場合における採算性等について、コンサルタントに調査を委託。

昭和五六年八月二七日　岩手県交通問題懇話会において、第三セクター設立について大方の賛同を得る。

昭和五六年九月一七日　出資予定二八市町村長会議において、第三セクターへの出資応諾を確認。

昭和五六年一一月二日　第一回久慈線・宮古線・盛線特定地方交通線対策協議会会議において、第三セクターによる鉄道運営により輸送の確保を図ること、事業主体は三陸鉄道株式会社とし、転換時期は昭和五九年度の新線開通時とすることで協議成立。

昭和五六年一一月四日　三陸鉄道株式会社の創立総会開催。

昭和五七年二月一五日　田老―普代間および吉浜―釜石間の地方鉄道事業免許を取得。

昭和五七年三月三日　運輸大臣が日本鉄道建設公団に工事実施計画を指示。工事着工。

昭和五八年一二月二八日　久慈線・宮古線および盛線の貸借並びに譲渡および譲受の認可。

昭和五九年四月一日　開業。

他の自治体が「廃線絶対反対」を唱え、「バスか第三セクターか」の論議を渋っている間に、三陸鉄道のみがスイスイと第三セクターへの道を先行したのである。鈴木善幸首相のお膝元《ひざもと》でもあり、運輸省は最善を尽くしたと伝えられている。

右窓にホタテ貝の養殖棚《だな》が並ぶ大船渡湾が開け、ディーゼルカーはその南岸に沿って深く入り込んだ湾の奥へと進んで行く。漁連の倉庫、ビジネスホテル、学校、商店街と、久しぶりに町が現われ、定刻12時07分、終点の盛に着いた。

窓外に眼をやっていた清丸さんが、「あ、いますな」と言う。クリームに真紅のデザインのディーゼルカーが二両、四両と並んでいる。その華やかなこと。くすんだ国鉄駅に大輪の花が咲いたようだ。

盛線が国鉄だった頃は、改札口を通らずに盛線のホームへ行けたが、同じホームでも、今回は「三陸鉄道・南リアス線」だからケジメをつけられている。いったん国鉄の改札口を出て、その脇《わき》の改札口から入らなければならない。「三陸鉄道株式会社」と書かれた小さな駅舎も新設され、明るいブルーの制服の若い駅員が立っている。制服の色は海に因《ちな》んだのであろうが、腹の前に切符入れの革鞄《かわかばん》を提げているので、鉄道員というよりはバスの車掌のようだ。車掌と駅の出札係、改札係を兼ねているのだろう。

今度の南リアス線の釜石行は12時20分発で、改札口には五〇人くらいの客がたむろしている。

私は盛線に幾度も乗ったが、真昼の閑散期に五〇人という「盛況」に接したことはない。朝夕を除けば十数人が精々であった。

ここで注目すべきは運転本数であろう。国鉄時代の盛線（吉浜まで）は一日わずか五往復だった。三陸鉄道になってからは釜石まで通じたという事情はあるにせよ、一気に一一往復に増加した。一時間余に一本の割である。

客が少ないから列車本数を減らす、列車が減って不便になれば客が少なくなる、という悪い循環を国鉄は行ってきた。それが悪《あ》しき結果を生むことを知りつつも、目先の赤字減らし優先のためにそうせざるをえなかった。が、三陸鉄道は小柄《こがら》で身軽だ。交通コンサルタントの「四〇分に一本がローカル線の理想です」との意見に耳を傾け、自力と勘案した結果、一時間余に一本というダイヤを組んだのである。この運転間隔ならばバスに対抗できるし、何よりも「日常性」がある。

もう一つ注目すべきは列車の編成である。すべてディーゼルカーであるが、客の多い朝夕は三両ないし二両、昼間は一両というふうにキメ細やかな車両運用を行っている。そして、二両以上の場合は車掌が乗るが、一両の場合はワンマンバス方式となって運転士が料金を徴収する。すべて「動労」などと交渉せねばならぬ国鉄にはできないことであった。

さて、釜石行のディーゼルカーに乗り込む。遠くから見たときは真紅が目立ったが、近づけばブルーの太い線も加わっていて、遊園地で走らせたら似合いそうな派手な車両だ。車内の設備も、四人向い合わせあり、ロングシートあり、トイレも自動販売機も備わった賑《にぎ》やか

古 — 久　慈)

●＝接続駅
⊙＝特定指定地駅
(527ページ参照)

	119D		121D		123D		125D	129D		127D	列車番号
…	1549	…	1640	…	1807	…	1934	…	…	2043	みやこ
…	1557	…	1648	…	1815	…	1942	…	…	2051	いちのわたり
…	1602	…	1653	…	1820	…	1947	…	…	2056	さばね
…	1610	…	1659	…	1826	…	1952	…	…	2101	たろう
…	1619	…	1708	…	1835	…	2001	…	…	2110	せったい
…	1624	…	1713	…	1843	…	2006	…	…	2115	おもと
…	1633	…	1722	…	1852	…	2015	…	…		しまのこし
…	1636	…	1726	…	1856	…	2019	…	…	…	たのはた
— —	1647	— —	1737	— —	1910	— —	2030	2105	— —	— —	ふだい
…	レ	…	1742	…	レ	…	レ	レ	…	…	しらいかいがん
…	1656	…	1747	…	1919	…	2038	2114	…	…	ほりない
…	1702	…	1753	…	1925	…	2044	2119	…	…	のだたまがわ
…	1707	…	1758	…	1930	…	2049	2124	…	…	りくちゅうのだ
…	1712	…	1804	…	1935	…	2054	2129	…	…	りくちゅううべ
…	1722	…	1913	…	1945	…	2104	2139	…	…	くじ

116D		118D		120D		122D		124D		128D		126D	
1334	…	1457	…	1610	…	1741	…	1836	…	…	…	2023	…
1344	…	1507	…	1620	…	1751	…	1846	…	…	…	2033	…
1348	…	1511	…	1625	…	1758	…	1850	…	…	…	2037	…
1356	…	1517	…	1630	…	1803	…	1855	…	…	…	2045	…
1403	…	1523	…	1636	…	1808	…	1902	…	…	…	2051	…
1408	…	レ	…	レ	…	1814	…	レ	…	…	…	レ	…
1412	—·—	1531	— —	1647	— —	1819	— —	1911	— —	— —	— —	2100	— —
1424	…	1543	…	1658	…	1830	…	1922	…	…	…		…
1427	…	1546	…	1702	…	1834	…	1926	…	…	…	…	…
1436	…	1555	…	1714	…	1843	…	1935	…	2120	…	…	…
1441	…	1600	…	1718	…	1847	…	1940	…	2124	…	…	…
1450	…	1610	…	1727	…	1857	…	1952	…	2134	…	…	…
1455	…	1615	…	1732	…	1902	…	1957	…	2138	…	…	…
1500	…	1620	…	1737	…	1907	…	2002	…	2143	…	…	…
1509	…	1628	…	1746	…	1915	…	2010	…	2151	…	…	…

—— 釜石)

●＝接続駅
⊙＝特定指定地駅(527ページ参照)

215D		217D		219D		221D		223D					
1430	…	1609	…	1709	…	1827	…	1954	…	…	…	…	…
1435	…	1614	…	1714	…	1832	…	1958	…	…	…	…	…
1442	…	1621	…	1722	…	1842	…	2006	…	…	…	…	…
1449	…	1628	…	1729	…	1849	…	2012	…	…	…	…	…
1453	…	1632	…	1735	…	1853	…	2016	…	…	…	…	…
1458	…	1637	…	1741	…	1858	…	2022	…	…	…	…	…
1508	…	1644	…	1748	…	1905	…	2029	…	…	…	…	…
1514	…	1651	…	1754	…	1912	…	2035	…	…	…	…	…
1519	…	1656	…	1759	…	1917	…	2040	…	…	…	…	…

216D		218D		220D		222D		224D			列車番号
1456	…	1545	…	1712	…	1808	…	1930	…	…	かまいし
1501	…	1549	…	1716	…	1813	…	1934	…	…	へいた
1508	…	1556	…	1723	…	1820	…	1941	…	…	とうに
1515	…	1603	…	1730	…	1826	…	1948	…	…	よしはま
1521	…	1608	…	1735	…	1832	…	1953	…	…	さんりく
1526	…	1612	…	1739	…	1836	…	1957	…	…	ほれい
1533	…	1621	…	1746	…	1842	…	2006	…	…	りょうり
1541	…	1628	…	1753	…	1849	…	2013	…	…	りくぜんあかさき
1546	…	1633	…	1758	…	1854	…	2018	…	…	さかり

60. 3.14 改正　三陸（さんりく）鉄道・北リアス

営業キロ	運賃	列車番号	101D	103D	105D	107D		109D		111D		113D		115D
0.0	円	●宮古発	…	621	…	742	…	850	…	1004	…	1141	…	1245
6.2	160	一の渡〃	…	629	…	750	…	858	…	1012	…	1152	…	1254
9.1	200	佐羽根〃	…	634	…	755	…	903	…	1017	…	1157	…	1259
12.7	260	⊙田老〃	…	639	…	803	…	908	…	1022	…	1201	…	1304
21.5	440	摂待〃	…	648	…	812	…	917	…	1031	…	1210	…	1313
25.1	520	⊙小本〃	…	654	…	817	…	922	…	1040	…	1215	…	1318
33.4	680	⊙島越〃	…	703	…	826	…	931	…	1049	…	1224	…	1327
35.6	720	⊙田野畑〃	…	706	…	833	…	935	…	1053	…	1228	…	1330
44.9	900	●普代〃	644	717	807	847	— —	946	— —	1104	— —	1246	— —	1341
48.3	980	白井海岸〃	レ	723	812	レ	…	レ	…	レ	…	1252	…	レ
51.4	1040	堀内〃	652	727	817	856	…	954	…	1113	…	1256	…	1350
55.9	1120	野田玉川〃	700	733	823	902	…	1000	…	1119	…	1303	…	1356
59.9	1200	陸中野田〃	705	742	828	907	…	1005	…	1124	…	1307	…	1401
63.3	1280	陸中宇部〃	710	747	833	912	…	1010	…	1129	…	1313	…	1406
71.0	1420	●久慈着	720	757	843	921	…	1020	…	1139	…	1322	…	1416

営業キロ	運賃	列車番号	102D		104D		106D		108D		110D		112D	
0.0	円	●久慈発	550	…	640	…	726	…	811	…	939	…	1028	…
7.7	160	陸中宇部〃	600	…	650	…	736	…	821	…	949	…	1038	…
11.1	240	陸中野田〃	604	…	655	…	741	…	828	…	953	…	1042	…
15.1	320	野田玉川〃	609	…	700	…	745	…	832	…	1001	…	1047	…
19.6	400	堀内〃	616	…	706	…	752	…	839	…	1007	…	1054	…
22.7	460	白井海岸〃	621	…	レ	…	757	…	レ	…	レ	…	レ	…
26.1	540	●普代〃	628	— —	718	— —	802	— —	850	— —	1015	— —	1104	— —
35.4	720	⊙田野畑〃	639	…	729	…	…	…	903	…	1027	…	1115	…
37.6	760	⊙島越〃	643	…	733	…	…	…	910	…	1030	…	1119	…
45.9	920	⊙小本〃	700	…	743	…	…	…	922	…	1039	…	1128	…
49.5	1000	摂待〃	705	…	748	…	…	…	927	…	1044	…	1132	…
58.3	1180	⊙田老〃	714	…	800	…	…	…	937	…	1053	…	1142	…
61.9	1240	佐羽根〃	719	…	805	…	…	…	942	…	1059	…	1147	…
64.8	1300	一の渡〃	724	…	810	…	…	…	947	…	1104	…	1152	…
71.0	1420	●宮古着	732	…	817	…	…	…	955	…	1112	…	1200	…

60. 3.14 改正　三陸（さんりく）鉄道・南リアス

営業キロ	運賃	列車番号	201D		203D		205D		207D		209D		211D	
0.0	円	●盛発	654	…	729	…	847	…	938	…	1030	…	1220	…
3.7	160	陸前赤崎〃	659	…	733	…	851	…	942	…	1034	…	1224	…
9.1	200	綾里〃	709	…	741	…	859	…	950	…	1042	…	1232	…
14.3	300	甫嶺〃	715	…	748	…	905	…	956	…	1048	…	1238	…
17.0	340	三陸〃	719	…	752	…	909	…	1002	…	1054	…	1242	…
21.6	440	⊙吉浜〃	725	…	757	…	915	…	1008	…	1100	…	1248	…
27.7	560	唐丹〃	732	…	807	…	922	…	1015	…	1107	…	1255	…
33.1	680	平田〃	738	…	814	…	929	…	1021	…	1113	…	1301	…
36.6	740	●釜石着	743	…	819	…	934	…	1026	…	1118	…	1307	…

営業キロ	運賃	列車番号	202D		204D		206D		208D		210D		212D	
0.0	円	●釜石発	635	…	755	…	843	…	939	…	1031	…	1155	…
3.5	160	平田〃	639	…	800	…	847	…	943	…	1035	…	1159	…
8.9	180	唐丹〃	646	…	807	…	854	…	950	…	1042	…	1206	…
15.0	300	⊙吉浜〃	653	…	814	…	901	…	957	…	1049	…	1213	…
19.6	400	三陸〃	658	…	819	…	910	…	1002	…	1054	…	1218	…
22.3	460	甫嶺〃	702	…	823	…	913	…	1006	…	1058	…	1222	…
27.5	560	綾里〃	709	…	829	…	920	…	1012	…	1104	…	1232	…
32.9	660	陸前赤崎〃	716	…	836	…	927	…	1019	…	1111	…	1238	…
36.6	740	●盛着	721	…	842	…	931	…	1024	…	1116	…	1243	…

日本交通公社「時刻表」昭和60年4月号より

さて、もちろん新品の車両である。

三陸鉄道の発足に当って、国鉄の中古車両を使ってはどうか、との案があったらしい。運転士は国鉄のOBを採用する方針だったから釣合《つりあ》いのとれた話だが、三陸鉄道は拒否した。そして一六両の新車を発注したのである。第三セクターとして国鉄の廃線を引受ければ一キロ当り三〇〇〇万円の交付金が出るという好条件があってのことだろうが、国鉄の臭気を一掃しようとの心意気が感じられる。

盛を12時20分に発車。席を埋めた客のほとんどは地元の中老年層である。大船渡市への買物客、あるいは病院通いかと見受けられた。

列車は長いトンネルに入る。一六四九メートルの佐野トンネルである。それを出たと思う間もなく、またトンネルに入る。今度は二九六〇メートルの綾里《りょうり》トンネル。工費は一〇年前の物価で約七億円。東海道新幹線が開業した昭和三九年頃《ごろ》を境として、面倒な用地買収よりはトンネルを掘ってしまえ、という思想の転換が国鉄にあったにせよ、三陸の淋《さび》しいリアス式海岸に、こうした長大トンネルを掘る時代が来たとは。

盛から九キロの綾里で半数の客が下車した。三陸鉄道の運賃は一キロ当り二〇円で設定され、国鉄より若干高いのだが、長いトンネルのことを思えば高いも安いもないだろう。それより、盛からわずか九キロ走っただけで客の半減したことのほうが気にかかる。

岬の付け根をトンネルで抜けては入江の奥の駅で客が降り、それを繰り返すうちに車内はガラ空《あ》きになった。客は私たち三人のほかに数人しかいない。
ところが、盛と釜石との中間地点を過ぎるあたりから客が増え始めた。釜石の圏内に入ったのである。「三陸縦貫鉄道構想」というが、大船渡、釜石、宮古、久慈などの近郊鉄道にすぎないのだろうか。三陸縦貫特急なんぞを走らせてみたいと、私のような人種は夢を追うけれど、三陸鉄道の実態は、もっと地に足が着いたものなのだろう。

釜石着13時07分。なんとなく着いてしまうけれど、この釜石へ入るための工事は橋梁《きょうりょう》の連続で、大変な工事費がかかったらしい。しかし「第三セクター」は、そんなことにかかわりなく「無償」で使用できるのである。

釜石に着いて驚いた。駅の地下道が二本になっているではないか。一本は昔からの国鉄用、もう一本は三陸鉄道用として新たに掘られたのである。もちろん駅舎も新しく設けられている。

乗客の側からすれば、そんなに画然と分けてもらう必要はない。むしろ乗換えに不便を感じる。しかし、実態はかようである。国鉄と席を同じうせず、反面教師、そこに活路を見出《みいだ》そうとする姿勢が、次第にはっきりしてくるように思えた。

既に述べたように、三陸鉄道は国鉄山田線によって「南リアス線」と「北リアス線」に分断されている。

私たちは、釜石発13時33分の国鉄山田線の急行で北リアス線の起点の宮古へ向った。トンネルや高架橋が連続し、踏切のない新幹線のような南リアス線から乗り移ってみると、国鉄山田線は旧式な鉄道だ。トンネルは少なく、勾配《こうばい》やカーブが多く、保線に人手と費用がかかりそうな線区だ。

宮古着14時42分。交通、観光すべての面で三陸海岸の中心をなす町である。

三陸鉄道は、いわば「岩手県営鉄道」であって、出資者は県の四八パーセントを筆頭に、沿線の市町村、諸団体、諸企業、役員も岩手県知事が社長で、各市町村の首長や団体の理事などが取締役、監査役、顧問になっている。本社もほとんど名目だけだが、県庁所在地の盛岡市にある。

県営とも言うべき第三セクター会社であるから当然な構成であろうが、鉄道会社としての実質的な運営を司《つかさど》るのは専務であって、この人は、宮古総合鉄道事務所に常駐している。

第一代の専務は西武鉄道監査役の清水武志氏であり、二代目の現専務は国鉄盛岡駅長だった堀籠《ほりごめ》明氏である。「県営鉄道」となると国鉄的な弊害が出るところだが、そうならないように私鉄の運営法を指導したのが清水さんで、それを具現化したのが堀籠さんだという。

この堀籠さんには、ぜひお会いせねばならない。午後三時が面会の約束時刻であった。

三陸鉄道の事務所は国鉄宮古駅の傍《かたわ》らにあった。新築ではあるが木造モルタル二階建の質素な建物で、その隣の「国鉄盛岡車掌区宮古派出所」より小さかった。

一階は、駅事務所と待合室のほかに、休憩室や炊事場、二階の大部屋が事務所で、二〇人ぐらいの人たちが勤務していた。専務用の個室などはなく、奥の机に作業服姿で坐《すわ》っている小柄な人が堀籠専務であった。

その背後の日程表を見て驚いた。ぎっしりと書き込まれているのだが、「見学者」の多いこと。聞けば、開業以来の一年余に訪れた見学者は、実に八〇〇組に達するという。そのほとんどが廃線候補の赤字ローカル線を抱えた地方自治体関係だそうだ。

旧制の盛岡高等工業を出て、一時は国鉄の本社勤めも経験したという異色の元駅長である堀籠専務からは、長時間にわたってさまざまな話を伺った。

乗客数は国鉄時代の約二倍の年間延べ二八〇万人になったこと、そのうち五割が通勤通学、三割が買物客や病院への客、そして二割が観光客。

観光客の誘致が今後の課題ではあるが、地元の客が八割を占めるという構想こそ三陸鉄道の好況の要因で、

「地元の皆さんがマイ・レール意識をもって利用してくださっているのですね。そのおかげです」

と堀籠さんは眼《め》をうるませた。

とはいえ、国鉄出身の堀籠さんの情熱は、「国鉄のようにはなるまい」にあるようだった。

三陸鉄道の従業員は九七名であるが、

「国鉄でしたら三倍の人が要るでしょうな」

と、堀籠さんは言った。

国鉄の場合は出札係は改札をやらない、保線係は通信や電気関係の仕事はしない、ワンマンカーなどとんでもないという具合なのである。幹線や大都市での配置方式がローカル線でも行われているのだ。

17時46分、久慈からの北リアス線のディーゼルカーが一両のワンマン運転で到着した。運転してきたのは国鉄を定年退職した井上広治さんである。第二の職場の感想を聞く。

「専務に言われて関東鉄道や日立電鉄を見学に行ったのですが、驚きましたな。私らは運転さえしとればよかったのですが、あの私鉄の運転士は何でもやるんですよ。車掌も駅員も一人でこなすんです。そういうものか、と眼からウロコが落ちる思いでした」

井上さんは、こんなことも言った。

「高校生の態度が違うんですよ。国鉄のときは灰皿《はいざら》を壊したり、ドアを蹴《け》とばしたりしたのですが、三陸鉄道になってからは、車両を大事にしますね」

われらの鉄道だという意識が高校生にまで浸透しているのだ。

宮古に一泊して翌四月一六日、火曜日、私たちは8時50分発の久慈行に乗った。今度は

「北リアス線」で、延長七一・〇キロ。きのう乗った「南リアス線」の二倍ほどある。この区間も三陸鉄道になってから運転本数が大幅に増え、一日一一往復（他《ほか》に一部区間のみが下り四本、上り三本）である。

それにしても、南北二つの「リアス線」に分断され、その間に国鉄の山田線（釜石―宮古五五・四キロ）が挟《はさ》まっているという現状は利用者にとっても三陸鉄道にとっても不便だ。山田線が廃線指定を受けなかったために、こんな形になったのだが、聞けばこの間の山田線を譲り受けて三陸鉄道を一本につなごうとの構想があるという。廃線指定を受けていないので譲渡の際の助成金をどうするかとの問題を解決しなければならないが、実現の可能性は高い。三陸鉄道に譲渡されれば釜石―宮古間の職員数は五分の一に減らせる由《よし》で、国鉄としては顔色なしだが、明るい話ではある。

宮古発8時50分の北リアス線久慈行は二両編成で、運転士は国鉄のOB、車掌は高卒二年目の青年。親子一組といった趣きがある。

その若くういういしい車掌が、「次は、うぐいすの小径《こみち》　一《いち》の渡《わたり》です」と車内放送をする。駅名は「一の渡」なのだが、三陸鉄道になってからは各駅にキャッチフレーズ（？）を冠したのである。「神楽《かぐら》の里　佐羽根《さばね》」「泉湧《わ》く岩　小本《おもと》」「カルボナード　島越《しまのこし》」……。カルボナードとは宮沢賢治の童話『グスコーブドリの伝記』に登場する火山島の名である。その次の「カンパネルラ　田野畑《たのはた》」も賢治の『銀河鉄道の夜』の人名。

という具合に、若い女性観光客の心をそそるべく配慮されているのだが、長いトンネルが連続して、ほとんど外は見えない。北リアス線の沿線は陸中海岸国立公園の白眉《はくび》で、北山崎《きたやまざき》をはじめとする絶景が続くのだが、車窓からの観光はほとんど不可能である。

けれども、乗客の八割が地元の人で占めるからには、景色よりは速さのほうが大切だろう。トンネルでスイスイと抜けて行くので曲りくねった国道のバスは競争相手にならず、観光バス以外は客が激減したという。しかも、トンネル内は温度の変化がないので線路保守に好都合であり、もちろん雪も積もらない。国鉄の在来線などに比べて保線費が格段に少なくてすむ。

真新しいトンネルを連ねた北リアス線に乗っていると、新幹線かとの錯覚を覚え、岩手県の鉄道の体系は珍妙なことになったと思う。北上川沿いを行くのは超一級の東北新幹線、海岸も一級品の三陸鉄道、その間を結ぶ国鉄の在来線は「ナベヅル線」や「サルを乗せるつもりか」の三流路線である。

トンネルの連続に飽きて一時間余、ようやく沿線が広々と開けて10時20分、「琥珀《こはく》いろ久慈《くじ》」に着いた。久慈は国鉄八戸線との接続駅で、近在に琥珀の産地があり、この名がつけられた。ここも国鉄と競うようにして三陸鉄道の新しい駅舎が建てられていた。

市役所に久慈義昭市長を訪ねる。父上の跡を継いだ若い市長さんで、三陸鉄道の副社長でもある。

久慈は岩手県内にあるとはいえ、青森県の八戸の外延のような町であった。しかし、三陸鉄道の開通によって宮古方面と直結し、その役割は拡大した。

港湾の新設と工場誘致、観光開発など、若い市長の抱負を伺って辞去。

「立場上、結婚式に招かれることが多いのですが、一〇〇人以上の披露宴《ひろうえん》となると八戸や盛岡まで行かねばならんのです。これからは地元でも立派な結婚式ができるように、大きなホテルを建てますよ」

という言葉が印象に残った。久慈に限らず、三陸鉄道沿線には大きな宿泊施設がなく、それが団体客の誘致の点でネックになっているそうである。

久慈発12時12分で引き返す。今度は一両のワンマンカーであった。

発車したときは満席で、通路に立つ客もあり、なぜ二両連結にしないのかとの疑問を抱いたが、二駅目の「ソルトロード（塩の道）　陸中野田」で大半が降りてしまった。やはり主要都市周辺の近距離客が多いようだ。

13時01分着の「カルボナード　島越」で下車する。この駅は海岸にある。シーズンには遊覧船が発着し、海水浴もできるという行楽地で、付近には民宿が多い。

駅舎は観光駅にふさわしいもので、お伽《とぎ》の国のペンションといった風格があり、二階は小ぎれいなレストランになっていた。地元（田野畑村）の人たちの出資による「カルボナード島越株式会社」の経営で、社長の幕内《まくうち》茂也さんは酒屋のご主人である。

「このあたりには商売人がおらんので、社長にされてしまいましてな」

と苦笑しながら、幕内さんは切符を売っている。それで、地元の人は、「駅長さん」と呼ぶ。切符の販売手数料は八パーセント。

「夏場だけは積み残しが出るほど賑《にぎ》わいますがな、あとはこのとおりでして」

と、私に茶菓を勧めてくれた。

「しかし、夏の忙しいときはお一人では大変でしょう」

「なあに、ここから首を出して、みんな手伝いに来い言うて怒鳴れば、そこいらのカミさんや娘が駆けつけてくれますわ」

島越で下車したからには、お会いしておきたい人がいる。四年前に取材に来たときお世話になった田野畑村の助役の佐々木金一さんである。あのときは、廃線指定と新線工事中止のダブルパンチで、佐々木さんは暗澹《あんたん》たる顔だった。

その旨《むね》を言うと、幕内さんは車を駆って役場へと案内してくれた。

佐々木さんの表情は、あのときと同じであった。元来がそういうお顔なのだろう。

けれども、「宮古に下宿していた高校生たちが、三鉄《さんてつ》のおかげで自分の家から通学できるようになりましてね」

と、わずかな笑みを洩《も》らしたときの表情には、なんともいえぬ安らぎがあった。

あとがき

昭和五五年、国鉄再建法案の国会提出を機に、全国二四線区で建設中のローカル新線の工事にストップがかけられた。大赤字を生みつづける国鉄救済のための措置であった。

しかし、なかには工事の大半が完成し、あと若干の工費を投入して開通させれば、僅少《きんしょう》な赤字で地域住民や旅行者に大きく役立ちそうな線区も少なくなかった。

本書に収めた八篇《へん》のうち、冒頭の智頭《ちず》線から宿毛《すくも》線までの五篇は、主として「あと一息」という段階で工事中断の憂《う》き目に遭った路線のルポルタージュで、『小説新潮スペシャル』（季刊）の昭和五六年冬号から五七年春号にかけて連載された（五六年夏号は休載）。

これらはルポであると同時に夢の乗車記でもあった。そのためには時刻表が不可欠で、私は編集部の飯田忠成さんに「水子供養《くよう》のようなものですが」と半分本気の冗談を言いながら「宮脇俊三作、国鉄非監修、開通見込不明」なる架空の時刻表をつくっては掲載した。

各篇の架空の時刻表は、下り列車欄のみを掲げたが、作成にあたっては、日本鉄道建設公団の資料（各駅の配線図や勾配図《こうばいず》その他）をもとに、単線区間での上下列車の行きちがい、沿線の高校の所在地や始業時間などの旅客需要、さらには車両の効率的運用を勘案しつつ方眼紙に上下列車のダイヤのスジを引き、書いたり消したりの作業に没頭した。本文よりも手間がかかった。

つぎの「瀬戸大橋」（『旅』昭和六〇年六月号）と「青函《せいかん》トンネル」（書下ろし）は脚光を浴びている世紀の大工事で、新幹線計画は当分見送りになったが、昭和六二年度末には在来線用の狭軌道《きょうきどう》ながら列車の走ることは、ほぼ確実である。関連する電化工事も運輸省が認可した。

この二篇にも架空の時刻表を掲載したが、「瀬戸大橋」については大きな反響があった。『旅』が発表された日の昼ごろから拙宅《せったく》の電話が頻々《ひんぴん》と鳴った。いずれも瀬戸大橋の鉄道時刻表に関する問い合せや感想を求めるものであった。もっとも、そのすべてが香川県を主とする四国側の各マスコミからであって、本州側は岡山県を含めて一本もかからなかった。「橋とは島のものか」と私は考えこんだ。

ところで、六年前に工事を中断された五線であるが、その後、それぞれに明るい陽《ひ》がさしてきているのは嬉《うれ》しいことである。

まず、三陸縦貫線。岩手県が早々に名乗りをあげて三陸鉄道株式会社を設立し、廃線指定を受けた国鉄の盛《さかり》、宮古《みやこ》、久慈《くじ》の三線を引受けるとともに、吉浜《よしはま》—釜石《かまいし》間、田老《たろう》—普代《ふだい》間の工事を完了させ、「南リアス線」（盛—釜石間）と「北リアス線」（宮古—久慈間）を昭和五九年四月に開業した。危惧《きぐ》されながらの開業であったが、初年度から黒字という好成績をあげた。黒字の要因は、線路の無償貸与、開業人気や地元民の支持などにもよるが、国鉄時代の三分の一の人員で運営するという合理化の効果が大きい。本書の最後に収めた「『三陸鉄道』奮闘す」(『プレジデント』昭和六〇年六月号)は、その健闘ぶりの紹介である。その後、聞くところによると、二年度目も好調で、国鉄山田線の釜石―宮古間を譲り受け、南北に分断されている三陸鉄道を一本に結ぼうとの計画も具体化しつつある。

この三陸鉄道の成功は、国鉄が見捨てた赤字ローカル線も、運営いかんによっては採算がとれるとの希望を全国の各府県市町村に抱かせ、廃止予定の国鉄ローカル線を引受ける地方自治体が続出することになった。三陸鉄道は殊勲甲と言うべきであろう。

廃止予定の国鉄ローカル線を四本も抱えた岐阜県も、そのすべてを第三セクター方式で存続することになった。

その一つが本書で採り上げた樽見《たるみ》線、現在の樽見鉄道株式会社で、昭和五九年一〇月に開業したが、初年度の決算は収支あいつぐなうという、国鉄時代の大赤字からは想像できぬ好成績を示した。樽見鉄道の現在の営業区間は大垣《おおがき》―神海《こうみ》間であるが、鉄道名が示すように、神海からその奥の樽見までの一一・一キロを延長しようとしており、すでに路盤や鉄橋も完成している。あと二〇億円を投入すれば開業できるそうで、好成績に自信を得た樽見鉄道は運輸省、大蔵省に工事再開を陳情中というから、実現の可能性は大きい。(講談社文庫版

注。平成元年三月二五日に開業した）

北越北線《ほくえつほく》は新潟県が第三セクター会社を設立し、五年ぶりに工事が再開された。この線は未着工区間を多く残しているので、開業まであと四、五年かかるというが、豪雪地帯の住民にとっては朗報である。

高知県の宿毛線のうち、工事進捗率《しんちょくりつ》の高い中村―宿毛線については、国鉄土讃《どさん》本線との間に介在する中村線が廃線指定を受けたため、根無し草にされかけたが、昭和六〇年七月に県議会と沿線の各市町村議会が第三セクター設立を決議した。中村線を含めての新会社誕生へ向って進むことになるだろう。高知県は、室戸岬《むろとみさき》を経由して徳島県に至る阿佐《あさ》線の完成にも食指を動かしているというから、気宇広大である。国鉄再建法では、第三セクターが引受ける場合、国費によって工事を完成させ、かつ助成金を出すと定めているので、阿佐線のように未着工区間が長くて、莫大《ばくだい》な工費を要する新線の引受け手が現われては大蔵省も頭が痛いにちがいない。

智頭線は、開通すれば鳥取県と関西地区との所要時間が大幅に短縮されるという効果絶大な陰陽連絡線で、やや陸の孤島化しつつある鳥取県のためにも、ぜひ開通させたい線である。工事もほぼ完成しているのだが、他の新線とちがって、鳥取、岡山、兵庫の三県にまたがっているため対策の足並みが揃《そろ》わず、受益性の高い鳥取県をイライラさせていたが、ようやく昭和六一年度中に新会社設立の運びになった。資本金は三億円で、出資比率は鳥取県六〇・五％、岡山県一三・五％、兵庫県二六・〇％だという。

三陸鉄道の成功と、昭和六二年四月に予定された国鉄の民営分割というタイムリミットとが、各県を動かしたのであろう。数年前、工事を中断された路線を探訪した者としては、あの当時、憤懣《ふんまん》やるかたない思いだった沿線の人びとの笑顔が見えるようで、嬉しい。「線路のない時刻表」が「線路のある……」となる日が待ち遠しい。

本書に収めた各篇の取材にあたっては、日本鉄道建設公団や沿線市町村のたくさんの方々のお世話になった。本文中にお名前を記したので、ここでは割愛するが、ありがとうございました。

宮脇俊三

昭和六一年三月

全線開通版　あとがき

本書の前半の五篇（智頭線―宿毛線）は一九八〇年（昭和五五）一〇月から八二年二月にかけて取材したものである。動機は「智頭線」の冒頭に書いたが、当時は工事再開の見込は、まったくなかった。

一九八四年四月一日、第三セクター方式による第一号の三陸鉄道が開業し、好成績をあげた。これが刺激になって全国各地に第三セクター会社設立の動きが高まった。私は「『三陸鉄道』奮闘す」というルポを書き、前記の五篇と瀬戸大橋や青函トンネルの工事見学記に加えて一冊の本にまとめた。私が作成した架空の時刻表を各篇に添えたので『線路のない時刻表』なる書名になった。「あとがき」では各線の工事再開の見通しの明るいことを記した。これは一九八六年四月の時点である。

そして、一九九七年一〇月一日の宿毛線（土佐くろしお鉄道）を最後に私が探訪した七線が、すべて開業したのであった。

こうなると放ってはおけない。講談社からのおすすめもあり、開業までの簡単な経緯と新線乗車記を各篇の末尾に加え、『全線開通版・線路のない時刻表』を刊行することになった。妙な書名だが、そういう事情による。

振返ってみると、思い出の多い探訪だった。たくさんの人たちの嘆き悲しみ憤慨する顔を見た。あの人たちの喜ぶ顔を見たいが、御健在かどうかの不安もある。

つい先日、樽見へ行き、住吉屋に立寄った。「つくりかけてはやめ、つくりかけてはやめして、それでいて、だんだんこっちへ延びてくるんです。そういう線なんですのよ、樽見線ってのは。おかしな鉄道」という見事な哲学を開陳したおかみさんの旅館である。

けれども、七年前に亡くなった由。樽見鉄道開通後なのが、せめてもの慰めと言うしかない。

一九九八年一月

宮脇俊三

〈付録〉自筆年譜

年号	西暦	年齢	月日	出来事
大正15／昭和元	1926	0	12月9日	埼玉県川越市で誕生。父長吉（46歳、陸軍大佐）、母ヒサノ（38歳）。7人きょうだい（男女女女男女男）の末子
昭和2	1927			渋谷（当時は東京府豊多摩郡渋谷町）に転居
昭和3	1928	1	2月	父、第1回普通選挙に香川1区から立候補、当選
昭和6	1931	4	4月	この頃から山手線に沿う原っぱで電車や貨物列車を眺める
昭和8	1933	6	4月	青山師範（現・東京学芸大学）付属小学校入学。入学間もないころ同い年の近所の子と、初めて母に内緒で山手線に乗る。その後は頻繁に山手線に乗ったり、東京駅へ「つばめ」「富士」を見に行ったりする。渋谷駅でハチ公を見る
			8月	夏休み、母と福島へ（義兄〈次姉の夫〉が鉄道省勤務で福島にいた）

年号	西暦	年齢	月	事項
昭和9	1934	7	12月	丹那トンネル開通により列車ダイヤ大改正。新しい時刻表を母に買ってもらう
			12月末	母、兄と熱海（伊豆山温泉）に行くため、初めて東海道本線に乗車する（新橋発午後1時04分大垣行普通列車）。滞在中、丹那トンネルを通って沼津へ行き（熱海発9時52分沼津行）、「つばめ」の機関車付け替えを見る
昭和10	1935	8	1月	綴り方の宿題で、丹那トンネルと「つばめ」のことを書き、教室で読み上げられる
			3月	母と4番目の姉と、父母の故郷・香川県へ（東京発21時00分急行下関行）
			6月	世田谷区北沢に転居。帝都電鉄（現在の井の頭線）と市電（のち都電）で通学
			8月	義兄の転勤にともない仙台へ
昭和12	1937	10	春	国語教科書で「清水トンネル」を習い、同トンネルへの思い高まる
				義兄が新潟に転勤
			8月	父、外遊。横浜港行貨物線経由の列車で見送りにいく（東京発12時30分不定期列車横浜港行）
				母と新潟へ（上野発9時10分急行新潟行）
			夏休み	東海道本線のダイヤグラムを方眼紙に描いて過ごす。またこの頃、東京駅へ行って列車を眺めたり、浅草の松屋の屋上の豆自動車に乗ったりする
			秋	学芸会で東海道本線の駅名（102駅）を披露、48秒で全部言えた
昭和13	1938	11	3月	父、衆議院にて越権発言の軍務課員・佐藤賢了を制止、佐藤暴言（いわゆる「黙れ事件」）
昭和14	1939	12	4月	旧制成蹊高校尋常科（中学）へ進学。テニスに没頭する一方で、一人で鉄道旅行や箱根の山歩きをする
			9月	野外演習のため富士の裾野の演習場へ（東京発8時25分伊東行／国府津発10時30分御殿場線沼津行）

昭和16	1941	14	8月	「不急不用」の旅行を禁止されたが、父と2泊3日で黒部渓谷へ（上野発21時00分急行信越本線経由大阪行）。翌日、待望の黒部峡谷軽便鉄道に乗車
			11月末	次兄が肺結核で死去
昭和17	1942	15	4月	父、総選挙で落選。国鉄無料パスを失う
			8月7日	富良野の近くの石綿鉱山の視察に行く父とともに、北海道へ（上野発19時00分急行青森行）。富良野滞在中、狩勝峠を往復（富良野発8時07分根室行、新内で引き返す）
			11月	関門トンネル開通によるダイヤ改正（24時制になる）。同トンネルへの思い高まる
				この年の末から翌年の夏にかけて、しばしば近距離・中距離旅行、山歩きにもでかける
昭和18	1943	16	4月	旧制成蹊高校理科乙類に進学
昭和19	1944	17	3月下旬	関門トンネルを通るため、1週間の春休みを利用して九州へ（東京発13時30分第1種急行博多行）。旅行中、盲腸炎にかかり、帰京後すぐ手術。やや手遅れで腹膜炎を起こしていた
			6月中旬	友人に誘われ、妙高山麓・池ノ平へ
			6月下旬	軍需工場へ動員される
			10月22日ごろ	再び友人に誘われ、谷川山麓の学校の山小屋へ（上野発8時30分新潟行）
			2月	湯河原へミカンの買い出し（小田急で小田原へ、そこから熱海行）。真鶴の手前で空襲警報により停車
			4月	東京帝国大学理学部地質学科に入学（年限短縮により高校は2年で卒業）
			5月25日	東京西部に空襲。自宅は焼けずに残る（中央線は翌日、山手線は30日に開通する）
			7月7日	母、長姉とその娘と4人で新潟県村上へ疎開する（上野発15時55分水上行）
			8月12日	村上に立ち寄った父と、山形県大石田の亜炭炭坑へ

年号	西暦	年齢	月日	事項
昭和20	1945	18	8月14日	天童温泉泊
			8月15日	村上への帰路、今泉駅前で、天皇のポツダム宣言受諾のラジオ放送を聞く。米坂線坂町行は何ごともなく運行
			9〜12月	疎開先の村上と東京を、連絡係として何度か往復（村上発20時19分上越線上野行その他を利用）
			9月末か10月	母と、鶴岡、湯野浜温泉へ1泊旅行（村上発8時47分秋田行）
			10月末	ひとりで東北一周旅行へ（村上発6時08分下り青森行）、1日目弘前駅、2日目一ノ関駅で夜を過ごす。陸羽東線・西線、羽越本線を経由して帰着
			11月	疎開先から引揚げる。東京の家を売り、熱海に転居。通学は無理で、この年と翌年は留年。ただし週に1回は日帰りで東京に出かける。文学部の講義を傍聴、熱海在住の学生達と会を作る。文学とモーツァルトに傾倒
昭和21	1946	19	8月20日ごろ	紀州・新宮の亜炭炭坑へ（熱海発6時27分大垣行）。この日は和歌山の友人宅に宿泊。翌日、友人とともに鉱山へ（和歌山市発7時19分紀勢西線）。現地で父と合流
昭和22	1947	20	3月	湘南の片瀬に転居
			4月	地質学科に通いはじめるも身が入らず
			7月	栃木県鹿沼で地質調査の実習。ブトに悩まされ、地質学科を断念
			8月20日ごろ	山陰旅行（東京発7時40分急行博多行）。この日は岡山駅泊、翌日（岡山発4時55分米子行↓米子発10時17分大社行）松江に到着。義兄（長姉の夫）の社宅を足場に松江付近観光。帰路は山陰本線経由。余部鉄橋が印象に残る。大阪から夜行で帰る予定を変更し、宝塚で下車。武庫川畔の温泉旅館に泊まる。翌日、西宮球場で中等野球の決勝戦観戦。大阪始発22時58分東京行に乗り、熱海で下車。友人らにあう

昭和23	1948	21	4月	東大文学部西洋史学科に転部
			4月上旬	友人2人と青森へ（上野発9時40分鈍行青森行）。古間木（現在の三沢）から、十和田鉄道で三本木へ。十和田湖、奥入瀬渓谷などを観光
昭和24	1949	22	8月	大学内で同志らと反共グループを結成したが、参加者少なく、まもなく消滅
昭和25	1950	23		～翌年にかけて入社試験。文藝春秋その他に落ち、日本交通公社と中央公論社に合格
昭和26	1951	24	3月	東大西洋史学科卒業（卒論は「モーツァルトより見た18世紀の音楽家の社会的地位」）。中央公論社に入社
			10月	『婦人公論』に配属される 熱海在住時代に知り合った荒木愛子と結婚。荻窪に下宿
昭和27	1952	25	10月	肺結核による吐血。休職し熱海の妻の実家で保養する身に
昭和28	1953	26	2月	父、脳出血で急逝
昭和29	1954	27	春	～翌年にかけて近くに住んでおられた広津和郎先生が毎日のように来訪され、執筆中の「松川裁判批判」について熱弁をふるわれる
			秋	休職期間が切れて中央公論社を退社。小説を書きはじめるが、文学より建築家に向いているのかと思いはじめる 片瀬の家を売り、世田谷区松原に家を建てる。堀口捨己氏に弟子入りしたが、1年で建築家を断念
昭和30	1955	28	9月	北海道一周旅行
昭和31	1956	29	9月	中央公論社に復社。出版部に配属

和暦	西暦	年齢	月	事項
昭和33	1958	31	7月	阿川弘之『お早く御乗車ねがいます』刊行。『幸田文全集』担当
			10月	『中央公論』臨時増刊「松川事件特集号」編集担当
昭和35	1960	33	3月	北杜夫『どくとるマンボウ航海記』刊行。ベストセラーとなる
			4月	出版部次長になる
			8〜10月	京都に滞在し、貝塚茂樹先生の口述筆記を受けるなど、『世界の歴史』の編集に専念する
			11月	『世界の歴史』全16巻刊行開始
				妻、イタリアへ。これより別居生活
昭和36	1961	34	1月	ヨーロッパへ出張。ミラノで妻に会い、ヨーロッパを鉄道で巡遊する
			2月	右翼による、中央公論社社長宅襲撃事件
			8月	『週刊公論』休刊。職場を失った社員の一部を吸収して第二出版部新設。その部長になる
			11月	『世界の旅』シリーズを刊行。「新書」企画に取りかかる
			12月	社が『思想の科学』〝天皇制問題特集号〟を発売停止にしたことで、執筆ボイコット続出。「言論の自由」問題として組合の会社批判の材料にもなる
昭和37	1962	35	11月	「中公新書」第1回刊行。林周二『流通革命』、会田雄次『アーロン収容所』がベストセラーに
				第2回刊行。三田村泰助『宦官』ベストセラーに
昭和38	1963	36	6月	『日本の歴史』企画に取りかかる。編集部員を各地に旅行させるため「日本の旅」シリーズを企画
				「中公ガイドブックス」第1回刊行「北海道」「信州・飛騨」「九州」
昭和39	1964	37	春	『日本の歴史』（全26巻）の企画がまとまる。第1巻井上光貞「神話から歴史へ」を担当
昭和40	1965	38	2月	『日本の歴史』刊行開始。第1巻は１００万部到達
			8月	妻愛子と協議離婚

昭和40	1965	38	11月	『中央公論』編集長になる
				『中央公論』1、2月号は好調。3月号からは不振
昭和41	1966	39	9月	社員の井田まちと結婚
			12月	母、死去
昭和42	1967	40	2月	『中央公論』編集長解任、『婦人公論』編集長に
			5月	国鉄の既乗車区間のキロ数を計算する。まだ約50%。意外に少ないのに驚き、乗りつぶしの意欲がわく。日本全国の白地図を入手し、既乗車区間を赤線でトレースする
昭和43	1968	41	1月	長女灯子生まれる
			4月	『婦人公論』編集長辞任。編集局次長に昇格
			5月	大学紛争広まる。中央公論社も渦中に
			12月	編集局長になる。無期限ストに突入。全組合員を相手に全員団交をくりかえし、12月30日、妥協にこぎつける。多忙のなか、時刻表が鎮静剤
				この年は旅行の機会、まったくなし
昭和44	1969	42	3月	取締役になる。体制の回復をはかるが失敗、編集局長を辞任する
			6月	「開発室」新設、室長になる。CBSソニーと提携しレコードつきの「世界の映画音楽」シリーズを刊行、利益をあげる
昭和45	1970	43		組合穏健派が主導権を握り、平穏な年に。鉄道旅行にも出かける
			6月	次女理子生まれる
昭和46	1971	44		この頃から月に1回は鉄道旅行、国鉄線を乗り回る

和暦	西暦	年齢	月日	事項
昭和47	1972	45	6月	社屋縮小工事を妨害した過激派組合長を解雇。毎朝、出社妨害を受け、休日には自宅に押しかけられる。しかし、この後、暇を見つけては鉄道旅行をする
昭和48	1973	46	6月	「中公文庫」創刊。ひとりで編集を担当したので疲れる。第1回発売は好調だったが、第2回以降は落ちてくる
昭和49	1974	47		「文庫」編集を書籍編集局に譲り、開発室ほんらいのレコードや美術の出版にもどる。成績はいまひとつ 国鉄乗車は1万7700キロをこえる（全線の85％）
昭和50	1975	48		仕事はマンネリとなり、情熱が薄れてきた。鉄道旅行に気持が移る。退社を真剣に考えるようになる 国鉄乗車は1万9490キロに達した
昭和51	1976	49	5月29日 9月	国鉄乗車が2万キロをこえる 「モーツァルト大全集」刊行開始
昭和52	1977	50	5月28日 秋 12月11日	足尾線を最後に国鉄全線を完乗。虚無感におそわれる 河出書房新社と鉄道旅行記出版の約束が交わされる 宮城県の気仙沼線の柳津―本吉間34・0キロが開業。開業日に乗りに行き、国鉄全線完乗を維持
昭和53	1978	51	1月 6月30日 7月10日	常務取締役になる 肝臓の数値が悪く、医師から飲酒を禁じられる。それが幸いして原稿書きに熱中する。会社の仕事よりも原稿に気持が移る 退社 『時刻表2万キロ』を出版。反響は大きく、マスコミとの対応に忙殺され、版を重ねる 『潮』に連載をはじめる（「汽車旅12カ月」）。新潮社から書き下ろしの依頼があり、『最長片道切符の旅』と決める

昭和53	1978	51	10月13日～12月20日	最長片道切符の取材旅行
			12月12日	『時刻表2万キロ』で第5回日本ノンフィクション賞（角川書店）を受賞
昭和54	1979	52		『最長片道切符の旅』の執筆を第一の仕事とし、旅行の暇なし。新潮社の栗原正哉さんがしばしば訪れて激励してくれた。5月に脱稿、550枚。地図は自分で書く。その間、雑誌『潮』に「汽車旅12カ月」を連載。4月、『時刻表2万キロ』で新評賞（新評社）を受賞。6月から角川書店の依頼による『時刻表昭和史』の書き下ろしに取りかかる。原稿の注文やラジオ、テレビ、インタビュー、対談の応対で忙しかったが、何でも引き受ける。連載7本
			9月	テレビ「すばらしき仲間」で山口線のSL列車に乗る。お相手は安野光雅氏・藤真利子氏
			10月	『最長片道切符の旅』刊行。第2作なのに各紙誌に書評が載り、売れ行きも良かった
				旅行はわずかしかできず
				【著作ほか】最長片道切符の旅、汽車旅12カ月、ローカル鉄道讃歌（交通公社のMOOK　写真：広田尚敬・井上広和、文：宮脇俊三）
昭和55	1980	53	2月	『時刻表2万キロ』のテレビ化で高山本線へ（篠田三郎氏と）。その後、数回出演
			4月	国鉄の運賃問題懇談会の委員になる。主宰は高木文雄総裁。毎月1回出席
			5月	『時刻表昭和史』を書き上げる
			6月	台湾旅行（1週間）。角川書店の『野性時代』に連載
			7月	軽井沢に山荘を建てる（退職金と『時刻表2万キロ』の印税で）
				注文が多く、東奔西走の日々となる
			7月	『週刊文春』のグラビアで〝宮脇俊三の消え行く急行の旅〟で北海道へ。以後5回ぐらい連載
			9月	台湾紀行を書き上げる
			10月	『オール讀物』の依頼により北海道の夕張へ。以後「時刻表おくのほそ道」として連載

年号	西暦	年齢	月	事項
			11月	『週刊文春』のグラビア〝宮脇俊三の世界の鉄道乗りまくり〟でスペイン、モロッコ、ギリシア、エジプトを旅する（17日間）。その後、このシリーズは翌年秋までつづく
			12月	東京駅のステーションホテルに泊り、「東京駅素顔の24時間」（『小説新潮』翌年3月号）を書く
				【著作ほか】時刻表昭和史、台湾鉄路千公里
昭和56	1981	54		冬をはじめての軽井沢で過ごす
				講談社の「現代新書」の依頼により、時刻表ものがたりを楽しく書きはじめる。思いのほか多忙のため、体調をくずす。3月末から予定していたカナダ、北米の乗りまくりをキャンセルする
				『時刻表昭和史』で第6回交通図書賞（交通協力会・交通新聞社）を受賞
			1月	『週刊文春』の〝乗りまくり〟の第2回としてニュージーランドとオーストラリアへ（16日から2月1日帰国）
			6月	『週刊文春』の〝乗りまくり〟の第3回として東欧と北欧へ（15日から28日まで）
			9月	『週刊文春』の〝乗りまくり〟の第4回としてカナダ、アメリカへ（7日から25日まで）
			10月	『旅』の依頼で帯広へ。「終着駅へ」の連載（12日）
				【著作ほか】時刻表ひとり旅、『全線全駅鉄道の旅』刊行開始（全12巻＋別巻1）
昭和57	1982	55		秋から角川書店の『野性時代』連載の「シベリア鉄道紀行」を第一の仕事にする
				『旅』の「終着駅へ」で各地取材、その他いろいろ
			4月	シベリア鉄道（4月15日〜17日横浜―ナホトカ。〜18日ハバロフスク。19日ハバロフスク〜25日モスクワ。26日〜レニングラード〜モスクワ。30日モスクワ〜5月1日成田）
			12月	台湾一周（4日間）
				【著作ほか】時刻表おくのほそ道、終着駅は始発駅

昭和58	1983	56		『旅』の「終着駅へ」で各地取材。その他
			12月	フィリピン旅行（『オール讀物』）
				【著作ほか】徳川家康タイムトラベル、シベリア鉄道９４００キロ、『国鉄全線各駅停車』刊行開始（全10巻）
昭和59	1984	57		体調わるく、しばしば呼吸困難になる。軽井沢へ転地すると快癒するので、軽井沢滞在が多くなる
			3月	伊良湖岬—鳥羽—和歌山—徳島—九州（『小説新潮』の「旅の終りは個室寝台車」の最終回）。その他
			6月	タイ（泰緬鉄道を探訪）、マレーシア、シンガポール（『オール讀物』）
			9月	ペルー（『旅』・２回掲載）
			11月	沖縄（『オール讀物』）
				【著作ほか】終着駅へ行ってきます、旅の終りは個室寝台車
昭和60	1985	58	1月	山陰（『小説新潮』「途中下車のたのしみ」の第1回）
			1月	常磐線の取手駅で〝駅長〟に化ける（『オール讀物』）
			2月	ケニア（『旅』）
			5月	青函トンネル工事見学
			6月	北欧。ノールカップ（北岬）まで（『旅』）
			7月	中国。北京—広州を鉄道で往復（『旅』）
			11月	『殺意の風景』で第13回泉鏡花文学賞（金沢市）を受賞。また、同作が直木賞候補になる
				【著作ほか】椰子が笑う　汽車は行く、殺意の風景、『鉄道歳時記』刊行開始（全5巻）
			1月	自宅をとりこわし、マンション建設に着手。私の余命がおぼつかないので、家族の生計のためという家内の案であったが、これは成功だったと思う

年号	西暦	年齢	月	事項
昭和61	1986	59	5月	中国（上海―ウルムチ）
			6月	礼文島、利尻島（『旅』）
			10月	対馬、壱岐（『小説現代』「日本通史の旅」の第1回
			11月	積丹半島（『旅』「ローカルバスの終点へ」の第1回）
				【著作ほか】御殿場線ものがたり、汽車旅は地球の果てへ、線路のない時刻表、鉄道旅行のたのしみ、私の途中下車人生（談話）、『日本鉄道名所』刊行開始（全8巻）
昭和62	1987	60	4月	中国。大連―瀋陽―ハルピン―北京―成都―昆明
			6月	家内とのはじめての海外旅行（ヨーロッパ16日間）
			10月	韓国
				【著作ほか】鉄道に生きる人たち（対話集）、汽車との散歩
				この頃から健康のためもあってサイクリングをはじめる。自宅から井の頭までの往復20キロの神田川沿いのサイクリングロードがおきまりのコースだったが、多摩川堤を立川の近くまで行ったこともある
昭和63	1988	61	2月	耶馬渓鉄道の廃線跡を自転車で探訪
			2月	瀬戸大橋線の試乗列車に乗る
			5月	ヨーロッパでオリエント急行に乗る（フジテレビの招待）
			11月	インド旅行（～12月）
				【著作ほか】青函連絡船ものがたり、中国火車旅行、途中下車の味、ダイヤ改正の話（対話集）
				旅行日以外は、週に4日はサイクリング2～3時間。1万分の1の地図と照合するのが楽しかった
平成元	1989	62	1月	サイパン、ティニアンの砂糖鉄道探訪（～2月）
			2月	家内と冬の北海道へ（フルムーン切符）

平成元	1989	62	5月	神戸から中国船で上海へ渡り、西安、広州をめぐる（「日本通史の旅」の遣唐使篇。家内同行）
			6月	インド再訪（猛暑の雨期を体験したいため）
			10月	日本テレビの「名作の旅」シリーズで東北へ。以後数回出演
			11月	熊野古道へ（「日本ふるさと探見」として『旅』連載の第1回）
				【著作ほか】ローカルバスの終点へ、車窓はテレビより面白い、失われた鉄道を求めて
平成2	1990	63	1月	家内と長女を同行してハワイへ
			2月	秋田の冬まつり（角館、大郷、湯沢）を見物（「日本ふるさと探見」）
			7月	サハリンへ（ようやく開放された〝樺太〟ツアーに大喜びで参加）（〜8月）
				その他、この年のおもな旅行先——淡路島、三春と霊山、五島列島、北海道北部、夕張、三次と温泉津、四国のお遍路の数寺、恵那、高野山、高千穂、男鹿（いずれも連載とテレビの取材）
				【著作ほか】インド鉄道紀行、古代史紀行、シベリア鉄道ものがたり、『全線全駅鉄道の旅』刊行開始（全10巻＋別巻2）
平成3	1991	64	1月	「北斗星」に連結された豪華車両「夢空間」の「エクセレントスイート」でトマムへ（『旅』の依頼、家内同行）
			3月	豊後水道の日振島ほかへ（「日本通史の旅」の「貴族海賊、藤原純友」取材）
			6月	上高地へ（『旅』「夢の山岳鉄道」の第1回）
			6月	福音館書店の企画による絵本『スイス鉄道ものがたり』のため、スイスへ（鉄道画家・黒岩保美氏と）
			9月	大糸線と塩の道紀行（ＴＢＳテレビ「遠くへ行きたい」）
			12月	屋久島へ。森林鉄道に乗せていただく（「夢の山岳鉄道」）
				【著作ほか】日本探見二泊三日、韓国・サハリン鉄道紀行、旅は自由席

年号	西暦	年齢	月	事項
平成4	1992	65	1月	オーストラリア観光（家内の希望による。豪華列車「ガン」に乗り、エアーズ・ロックその他）（〜2月）
			4月	朝日新聞の書評委員になる
			9月	立山砂防工事専用軌道に乗車。念願の実現（『旅』に掲載）
			10月	ヨーロッパ（イギリスのスノウドン鉄道、スイス各地。「夢の山岳鉄道」の海外篇をとの『旅』の要請による。写真担当・櫻井寛氏。家内も同行）
			11月	第1回JTB紀行文学大賞を受ける（『韓国・サハリン鉄道紀行』で）
			12月	「にっぽん丸クルーズ」でグアム、サイパンへ（JTB紀行文学大賞の副賞。家内同行）（〜1月）
				【著作ほか】スイス鉄道ものがたり、『JR・私鉄全線各駅停車』刊行開始（全10巻＋別巻2）
平成5	1993	66	2月	横手のかまくら見学（家内同行）
				だんだん取材旅行が減ってきた。月によっては「日本通史の旅」だけになる。注文による旅行が億劫である。日帰りや一泊旅行はするが、元気のない年
				【著作ほか】夢の山岳鉄道
平成6	1994	67	2月	ハウステンボス、そのあと元寇の被災地の鷹島へ（「日本通史の旅」）
			2月	台湾。南回りの新線が開通し、鉄道での台湾一周が実現した（『オール讀物』）
			3月	「青春18きっぷ」で岡山、松江、福井、松本など（『旅』に掲載）
			5月	笠置山と千早城に歩いて登る（「日本通史の旅」）
			6月	スイス（JTBの『旅』800号記念〝宮脇俊三と行くスイス登山鉄道の旅〟という企画で、応募者は定員の20倍にもなったという）。1週間の行程のあと、一行と別れ、遅れて参加した家内とスペインその他を旅行
			9月	ヴェトナム。ハノイ—ホーチミン間2泊の列車に乗る（『文藝春秋』）
			12月	智頭急行が開業し、日本テレビで乗車出演

平成6	1994	67		この年は元気
				【著作ほか】線路の果てに旅がある、平安鎌倉史紀行
平成7	1995	68	1月	長女夫婦の勤務先の八幡を家内とともに訪ね、帰途は山陰を回り、智頭急行で神戸に出て、2泊し、14日に帰京。その3日後に阪神淡路大震災
			1月17日	阪神淡路大震災。家内は神戸出身なので親類縁者友人多く、その安否をたずねて、心そぞろな数日
			1月	九州一周（『旅』の企画。JR九州石井社長の社長対談も）
			5月	ヨーロッパへ（『旅』の企画による「宮脇俊三氏と行くヨーロッパ超特急の旅」ツアー）。マドリッドで一行と別れたあと、家内と南仏、パリをめぐる
			6月	夕張へ（JTBの大野雅弘氏の企画で、私を〝編著〟にした『鉄道廃線跡を歩く』の取材。これが評判になり、〝廃線跡ブーム〟という次第になり、続篇がつぎつぎに刊行される）
			6月	南アフリカの世界最高の列車に乗る。喜望峰に立つ（～7月）
			10月	ヨーロッパへ（お世話になった丹野顯氏への謝恩旅行）
				【著作ほか】昭和八年 澁谷驛、編著『鉄道廃線跡を歩く』、以降シリーズ化（全10巻刊行）
平成8	1996	69	1月	東京近郊の日帰り旅行を十数回。執筆と関係なし（～4月）
			5月	下津井電鉄跡ほか（『廃線跡を歩くⅡ』のため）
			10月	サケの遡行を見に家内と標津へ
			11月	南薩鉄道跡（『廃線跡を歩くⅢ』のため）取材のあと種子島へ（『日本通史の旅』の鉄砲伝来篇）
				【著作ほか】ヨーロッパ鉄道紀行
			2月	南米へ。家内の希望によるツアー旅行、サンパウロ、マナウス、ブラジリア、イグアス滝、ブエノスアイレス、リオ（カーニバル）など

年	西暦	年齢	月	事項
平成9	1997	70	2月	南米旅行の帰途、左足が腫れ、歩行困難となり、帰京後、緊急入院。悪性の菌による炎症で、片脚切断もやむなしと言われたが、抗生物質のおかげで治癒
			7月	礼文島へ家内とともに花を見に行く
			8月	板谷峠の廃線跡取材
			9月	マレー半島の豪華列車旅行（『文藝春秋』による。家内同行）
			11月	小学校以来の旧友だった奥野健男君（文芸評論家）死す
			12月	南大東島へ（砂糖キビ鉄道跡の取材）
				【著作ほか】駅は見ている
平成10	1998	71	1月	静養と禁酒をかねて警察病院に20日ほど入院。体調回復。その間に新線の乗車記を書き、『全線開通版・線路のない時刻表』（講談社文庫）を2月に刊行
			1月	前年の10月に開業した土佐くろしお鉄道の中村—宿毛間に乗る。これで、『線路のない時刻表』で取材した各線がすべて開通した
			9月	アメリカ西海岸へ。JTBのツアーでおなじみになった一行との鉄道ツアー（〜10月）
			9月	私の『鉄道紀行全集』（角川書店）の月報用として「近くにも旅はある」の取材。いずれも日帰り（9月から毎月）
				【著作ほか】豪華列車はケープタウン行、『宮脇俊三鉄道紀行全集』刊行開始（全6巻）、編著『時刻表でたどる鉄道史』
平成11	1999	72		仕事をやめ、国内旅行をしようということに。旅行中は夜だけワインなどを飲み、よく食べる
			1月	2番目の姉が87歳で死去。7人きょうだいの生存者は四姉と私の二人だけになる
			4月	箱根（休養1泊）
			5月	今治（しまなみ海道）、伊万里、長崎（「日本通史の旅」）
			5月	北陸本線の旧線探訪（「廃線跡」シリーズ）

年号	西暦	年齢	月	事項
平成11	1999	72	6月	関ヶ原の史跡めぐり。体力の限界を痛感し、「日本通史の旅」の連載は今回で終わりにする。第3冊目の『室町戦国史紀行』は平成12年中に刊行の予定
			6月	英国一周（家内と、おなじみの人たちとの鉄道ツアー）
			6月	関ヶ原の歴史紀行（「日本通史の旅」の最終回）
			10月	男鹿、八幡平、田沢湖など（家内と、なまはげを見る。3泊）
			12月	菊池寛賞を受ける（「鉄道紀行を文芸の一ジャンルとして確立した」との理由）
			12月	神戸（家内と、ルミナリエを見る。2泊）
				【著作ほか】なし
平成12	2000	73		JTBの『旅』の9月号で〝宮脇俊三の世界〟という特集が企画され、ありがたくお受けする。被写体である私の仕事はわずかのはずだったが、取りかかってみると、これが大仕事で、5月末から7月末まで忙殺される。
			1月	伊豆（家内と、オルゴール館、人形の家など訪ねる。2泊）
			2月	沖縄（家内、長女夫妻と共に。2泊。ゆたかはじめ氏一家と食事など）
			4月	蓼科（家内、長女と）
			5月	大井川鉄道、山陰本線、米坂線（『旅』特集号のため。〜6月）
			11月	JTB旅行文化賞紀行文学大賞選考委員として、講評
			11月	船で種子島、屋久島へ（家内と）
			12月2日	都電貸切〝俊ちゃん号〟走る
				【著作ほか】室町戦国史紀行
			2月	鳥取（夫婦で、カニを食べに。京都にも3泊）
			4月	初島（夫婦で、2泊）

平成13	2001	74	4月	強羅（夫婦で、富士屋ホテルで夕食など。2泊）
			7月	北海道（夫婦で、ラベンダーを見に。札幌4泊）
			9月	富山（夫婦で、称名滝へ。1泊）
			10月	磐梯山（夫婦で、紅葉を見に。2泊）
			11月	京都の紅葉、神戸、徳島鳴門市ドイツ館、一番札所などへ（夫婦で、4泊）
			12月17日	住友別子鉱山廃線跡取材。廃線シリーズ最後の取材に（『鉄道廃線跡を歩くⅨ』）
				【著作ほか】乗る旅・読む旅、七つの廃線跡、鉄道廃線跡を歩くⅧ
平成14	2002	75	2月	ハウステンボス（夫婦で、2泊）
			3月1日	鉄道フォトコンテストの審査。真島満秀氏と（於JTB）
			3月5日	西武鉄道安比奈線休止線路取材。『旅』最後の取材となる（『旅』5月号）
			4月	箱根。これが最後の旅となった（夫婦で、ミズバショウを見に。箱根ホテル泊。食事をよく食べる）
			5月	検査入院。両副腎が腫れているが、病巣判明せず
			7月末	軽井沢へ行きたいと退院
			10月	肺炎を起こして入院
			12月	悪性リンパ腫と判り治療に入る。上高地行、船での台湾旅行などを予定していたが果たせなかった
				【著作ほか】廃線跡懐想（北海道）、廃線跡懐想（中部信越）、鉄道廃線跡を歩くⅨ
平成15	2003	76	2月26日	午前8時、虎の門病院にて肺炎で死去。戒名は「鉄道院周遊俊妙居士」
				【著作ほか】鉄道廃線跡の旅（七つの廃線跡／改題）

本書の原本は、小社講談社文庫より、一九九八年に刊行されました。これは、一九八六年、新潮社より刊行された『線路のない時刻表』に、それぞれの路線の全線開通までの経緯と開通後の乗車記を加えて『全線開通版・線路のない時刻表』としたものです。

宮脇俊三（みやわき　しゅんぞう）

1926年埼玉県生まれ。東京大学文学部西洋史学科卒。中央公論社勤務を経て紀行作家となる。1977年に国鉄全線を完乗。主な著書として『時刻表2万キロ』（第5回日本ノンフィクション賞），『時刻表昭和史』（第6回交通図書賞），『韓国・サハリン鉄道紀行』（第1回JTB紀行文学大賞），『殺意の風景』（第13回泉鏡花文学賞）など。2003年没。

講談社学術文庫

定価はカバーに表示してあります。

全線開通版《ぜんせんかいつうばん》　線路《せんろ》のない時刻表《じこくひょう》

宮脇俊三《みやわきしゅんぞう》

2014年３月10日　第１刷発行
2021年５月25日　第３刷発行

発行者　鈴木章一
発行所　株式会社講談社
東京都文京区音羽 2-12-21 〒112-8001
電話　編集（03）5395-3512
販売（03）5395-4415
業務（03）5395-3615

装　幀　蟹江征治
印　刷　信毎書籍印刷株式会社
製　本　株式会社国宝社
本文データ制作　講談社デジタル製作

ISBN978-4-06-292225-8

「講談社学術文庫」の刊行に当たって

これは、学術をポケットに入れることをモットーとして生まれた文庫である。学術は少年の心を養い、成年の心を満たす。その学術がポケットにはいる形で、万人のものになることは、生涯教育をうたう現代の理想である。

こうした考え方は、学術を巨大な城のように見る世間の常識に反するかもしれない。また、一部の人たちからは、学術の権威をおとすものと非難されるかもしれない。しかし、それはいずれも学術の新しい在り方を解しないものといわざるをえない。

学術は、まず魔術への挑戦から始まった。やがて、いわゆる常識をつぎつぎに改めていった。学術の権威は、幾百年、幾千年にわたる、苦しい戦いの成果である。こうしてきずきあげられた城が、一見して近づきがたいものにうつるのは、そのためである。しかし、学術の権威を、その形の上だけで判断してはならない。その生成のあとをかえりみれば、その根は常に人々の生活の中にあった。学術が大きな力たりうるのはそのためであって、生活をはなれた学術は、どこにもない。

開かれた社会といわれる現代にとって、これはまったく自明である。生活と学術との間に、もし距離があるとすれば、何をおいてもこれを埋めねばならない。もしこの距離が形の上の迷信からきているとすれば、その迷信をうち破らねばならぬ。

学術文庫は、内外の迷信を打破し、学術のために新しい天地をひらく意図をもって生まれた。文庫という小さい形と、学術という壮大な城とが、完全に両立するためには、なおいくらかの時を必要とするであろう。しかし、学術をポケットにした社会が、人間の生活にとってより豊かな社会であることは、たしかである。そうした社会の実現のために、文庫の世界に新しいジャンルを加えることができれば幸いである。

一九七六年六月

野間省一

君が代の歴史
山田孝雄著（解説・鈴木健一）
古今和歌集にあったよみ人しらずの「あの歌」は、いかにして国歌になったのか、種々の史料から和歌としてのなりたちと楽曲としての沿革の両面でたどる。「最後の国学者」が戦後十年を経て遺した真摯な追跡。
2540

潜伏キリシタン 江戸時代の禁教政策と民衆
大橋幸泰著
近世では一部のキリシタンは模範的な百姓として許容され、本当の悲劇は、近代の解放後に起こった。近世の宗教弾圧を検証し、「隠れ切支丹」の虚像を覆す。大浦天主堂の「信徒発見の奇跡」は何を物語るのか。
2546

元号通覧
森　鷗外著（解説・猪瀬直樹）
一三〇〇年分の元号が一望できる！　文豪森鷗外、最晩年の考証の精華『元号考』を改題文庫化。「大化」から「大正」に至る元号の典拠や不採用の候補、改元の理由まで、その奥深さを存分に堪能できる一冊。
2554

本能寺の変
藤田達生著
なぜ明智光秀は信長を殺したか。信長は何と戦い、何に負けたのか。戦国時代とは、室町幕府とは、日本の中世・近世とは何か。史料を丹念に読み解くことで、日本史上最大の政変の深層を探り、核心を衝く！
2556

満鉄全史 「国策会社」の全貌
加藤聖文著
一企業でありながら「陽に鉄道経営の仮面を装い、陰に百般の施設を実行する」実質的な国家機関として大陸に君臨した南満洲鉄道株式会社の誕生から消滅まで。年表、首脳陣人事一覧、会社組織一覧付き。
2572

戦国時代
永原慶二著（解説・本郷和人）
大名はいかに戦ったか。民衆はいかに生き抜いたか。そして日本はいかに変容したか。戦後日本史学の巨人が戦国時代の全体像を描き出した決定的論考。戦乱の実像と時代の動因を、明晰かつ生き生きと描く名著！
2573

日本の歴史・地理

平治物語 全訳注
谷口耕一・小番 達訳注

『平家物語』前夜、都を舞台にして源平が運命の大激突――。平治の乱を題材に、敗れゆく源氏の悲哀と再興の予兆を描いた物語世界を、流麗な原文、明快な現代語訳、詳細な注でくまなく楽しめる決定版！

2578

執権 北条氏と鎌倉幕府
細川重男著

なぜ北条氏は将軍にならなかったのか。なぜ鎌倉武士はあれほど抗争を繰り返したのか。執権への権力集中を成し遂げた義時と、得宗による独裁体制を築いた時宗。二人を軸にして鎌倉時代の政治史を明快に描く。

2581

天皇陵 「聖域」の歴史学
外池 昇著

二〇一九年、世界遺産に登録された百舌鳥・古市古墳群。巨大古墳はなぜ、仁徳陵とされたのか。幕末以降の「天皇陵決定」の歴史を解明し、近世・近代史研究の立場からあらゆる論点を検証。「歴代天皇陵一覧」を掲載。

2585

中世の罪と罰
網野善彦／石井 進／笠松宏至／勝俣鎮夫著（解説・桜井英治）

悪口は流罪、盗みは死罪……時に荒々しくも理不尽にも思える中世人の法意識とは？ 十篇の珠玉の論考から、時の彼方に失われた不思議な中世日本の姿が見えてくる。稀代の歴史家たちによる伝説的名著！

2588

英雄伝説の日本史
関 幸彦著

平将門、蘆屋道満、菅原道真ら歴史の敗者は、いかに語り継がれ、時代を超えて蘇ったか。古典文学から近代の国定教科書まで、伝説の中に中世史の再発見を試みる。義経は、こうしてチンギスハンになった！

2592

日本憲法史
大石 眞著

憲法とは文言ではなく、国のあり方そのものである――。近代の日本が、時代ごとに必要としてきたものは何か？ 開国、議会開設から敗戦・占領を経ての独立まで、憲法＝国家構造の変遷を厳密にひもとく。

2599